ガメラの精神史

昭和から平成へ

小野俊太郎

小鳥遊書房

目次

はじめに　空飛ぶ亀の物語

【昭和ガメラから平成ガメラへ】

この本では、一九六五年十一月に大映が公開した『大怪獣ガメラ』と、それ以降の怪獣ガメラが姿を見せる一連の映画を扱う。空飛ぶ亀を主人公とした映画シリーズが、全体として社会や時代にどのような応答をし、ライバルや過去作といかに切り結びながら、何を成しとげてきたのかを考えていく。それによって、昭和後期から平成にかけての世相や感じ方の変化、あるいは変わらずにいる部分が見えてくる。平成も終わろうとしている現在、昭和と平成にまたがるガメラ映画を総括することで、何がどのように描かれてきたのかを再確認したい。

ガメラ映画は、昭和の『大怪獣ガメラ』から平成の『小さき勇者たち～ガメラ～』（二〇〇六）まで合計十二作が製作、公開された。さらにファン作品として、落語家の林家しん平の監督による『駕瞑羅4　真実』（二〇〇三）が作られたほどである。これは平成ガメラ三部作の『ガメラ3』の続編として構想され、低予算でありながら、破格なことに前作に出ていた螢雪次朗も出演し、自衛隊の協力も仰いだ作品となっていた。

しかも、十二作のガメラ映画の軌跡は、そのまま製作母体の大映という映画会社がたどった歴史を物語っている。言動にホラやハッタリが多いので、「永田ラッパ」と呼ばれた稀代の興行師でワンマン社長だった永田雅一が、ライバルの東宝のように特撮や怪獣映画が当たるという読みのなか、号令をかけて湯浅憲明監督に生み出させたのが、『大怪獣ガメラ』だった。築地米三郎が発案したネズミを使った『大群獣ネズラ』（一九六四）の製作の失敗もあり、その挽回作が求められていた。

湯浅監督がインタビューで苦笑しながら紹介するように、永田雅一がガメラのアイデアを自分で思いついたとして、「飛行機に乗っていて雲の中に空飛ぶ亀を見た」とまことしやかに起源を口にしたのである（『ガメラ最強読本』）。また、永田が見たのが松島だったという話もある。これは、明らかにゴジラの生みの親である田中友幸プロデューサーが、インドネシアとの合作映画企画の破綻のあと、帰国途中の飛行機から眺めた南の海からゴジラを思いついた、という話と重なる（田中文雄『神を放った男』）。どうやら田中の話も後付のようである。

だが、「企画を我発見せり」に関する両者の話を信じれば、どちらも飛行機上で着想を得たものである。ゴジラは海の向こうから、ガメラは雲の彼方から日本にやってくるのも納得がいく。怪獣企画の発見が、飛行機の窓から見た光景とされて納得するのが、いかにも戦後の特徴と言えるのだ。

湯浅監督は、坂本九のアイドル映画『幸せなら手をたたこう』（一九六四）でデビューした。次に、特撮に関心をもつ最年少の社員監督として任されたのがガメラ映画だった。ガメラシリーズを製作する傍らで、関根恵子や渥美マリが主演するアイドル映画を担当し、さらに五歳の子どもが、万博の出稼ぎに行っている父親に会うために高知から大阪まで無銭旅行をした実話に基づく『ボクは五才』（一九七〇）のような作品を生み出した。昭和シリーズのガメラ映画における子どもへのまなざしや扱いは、ゴジラ映画などと比べて「子どもっぽい」という評価を得たが、それは湯浅監督と脚本を担当した高橋二三が共同で「子どもの味方」としてガメラを作ろうとした結果である。

大映は『大怪獣ガメラ』の人気を受け、翌一九六六年に、『大怪獣決闘　ガメラ対バルゴン』と大魔神三部作を製作した。東宝は『フランケンシュタインの怪獣　サンダ対ガイラ』『ゴジラ・エビラ・モスラ　南海の大決闘』、東映は『怪竜大決戦』を作った。怪獣ブームに火がついたのである。この年は、一月からテレビで放映開始された『ウルトラQ』を皮切りに、ウルトラマンなどが活躍する特撮作品の人気が高まる。何しろ毎週異なる怪獣と出会える時代がやってきたのだ。

そして、一九六七年は、第一次怪獣ブームの頂点となった。大映は『大怪獣空中戦　ガメラ対ギャオス』、東宝は『キングコングの逆襲』、『怪獣島の決戦　ゴジラの息子』、日活は『大巨獣ガッパ』、松竹は『宇宙大怪獣ギララ』、東映もテレビの『マグマ大使』第20話「死闘・二大怪獣！」やアニメの『サイボーグ００９　怪獣戦争』を公開し、映画会社五社が入り乱れた状況となった。怪獣特撮の映画がこのように数多く製作されたのは、アジアなど海外の市場を求めて、政府からの補助金が出ていたせいである。

前年のブームの反動で、一九六八年に怪獣特撮映画を製作したのは東宝と大映だけとなった。一斉に五社が手を染めたことで、怪獣特撮映画の可能性を広げつつもイメージやアイデアを食いつくしたのである。補助金頼みの隆盛のあとで、怪獣ブームはビルや家屋のミニチュアなどの大仕掛けな模型を必要としない妖怪ブームへと変わってしまう。東京オリンピック以後のテレビの台頭で、映画製作の環境が激変し、すでに予算縮小の波が押し寄せてきていた。

ガメラも東宝の昭和ゴジラシリーズの後半などと同じで、苦闘する状況下にあった。とりわけ大映は永田ワンマン体制によって野球や競馬などに手を広げた経営のせいで、財務状況が急速に悪化してしまった。ガメラの七作目の『ガメラ対深海怪獣ジグラ』（一九七一）が、倒産前に公開された最後の作品となった。しかも、大映と日活が合同で作ったダイニチ配給を通じて、ようやく配給できたのである（『強いぞ!ガメラ』）。

そして、徳間書店の資本のもとで大映が再建され、過去の特撮映像を再利用しながら『宇宙怪獣ガメラ』（一九八〇）が作られた。ここまでがいわゆる昭和ガメラと呼ばれる作品群となる。そして平成になり、『ガメラ　大怪獣空中決戦』（一九九五）以下の平成三部作が作られた。クレジットは大映であるが、撮影所システムが消えたなかで、特撮映画やテレビで育ち、アニメなどの経験も豊富なクリエイターたちが、新しい試みをおこなった。

ガメラ中興の祖ともいえる監督の金子修介は、にっかつロマンポルノでデビューし、少女漫画の世界を再現した『1999年の夏休み』（一九八八）や、『咬みつきたい』（一九九一）のようなコミカルなホラー映画、さらにアイドル映画などを経て、平成ガメラ三部作を担当した。金子は撮影所出身の最後の世代にあたり、しかも他の制作スタッフと共にアニメなどに造詣が深く、子どもではなくて若者をターゲットとする作品へと練り上げた。平成ゴジラだけでなく、平成ガメラ三部作により、怪獣特撮映画が活性化されたのである。『モスラ』（一九六一）以来のテーマでもある巫女と怪獣との心の交流を前面に押し出した点で、平成ゴジラや平成モスラのシリーズと共振してもいた。

さらに、徳間書店の映像資産を引き継いだ角川ヘラルド映画（現・KADOKAWA）により、現在までのところ最新作となる田崎竜太監督による『小さき勇者たち〜ガメラ〜』（二〇〇六）が製作され公開された。平成仮面ライダーシリーズを数多く手がけ、アメリカ版の「パワーレンジャー」の演出も経験した田崎による監督作品である。平成ガメラ三部作が視聴者の年齢層を高めに設定していたのを、子ども向けのガメラとして再解釈した。

その流れを受けるように、公開五十周年を記念して、二〇一五年にニューヨークのコミコンで、石井克人監督による四分あまりの断片的な予告編の「ガメラ」が上映された。宮藤官九郎が演じる父親が我が身を犠牲にして、主人公らしい息子の「ぼく」をギャオスから逃がす。その十年後に新しい怪獣が出現し物語が始まる予感を与えた。実質的な予告編とみなされ、十三作目制作のプロジェクトが進行中に見えたが、結局のところ具体的な動きは止まってしまった。

結果として昭和ガメラと平成ガメラではかなりタイプの異なる作品が並ぶことになった。それは監督や製作者の個性の違いでもあるし、同時に作り上げる時代の違いでもある。昭和ガメラは、第二次世界大戦や冷戦と直結した宇宙開発に彩られていた。それに対して、平成ガメラのとりわけ三部作は、阪神大震災のような国土を襲う天災や、地下鉄サリン事件のような都市犯罪を連想させた。カメと長寿や幸運とを結びつける文化的な意味が、ガメラを通じてあらためて問われたのである。

【ガメラとゴジラの相互関係】

大映が生み出した怪獣ガメラは、怪獣映画として十年以上先行していた東宝のゴジラと並び称され、公開当時から両者の対決が望まれた。最強の怪獣はどれなのか、という観客の子どもたちの素朴な疑問に発する。そのため、怪獣同士をプロレスのように戦わせるというシミュレーションをした竹内義和・田中正悟による『怪獣格闘概論』（一九九四）のような本が出版されたのも不思議ではない。キングコングとゴジラが戦ったように、どちらが最強なのかを決めてほしいのである。

ゴジラとガメラの遭遇や対決は全く描かれてこなかったわけではない。押井守監督の『うる星やつら2　ビューティフル・ドリーマー』（一九八四）は、高橋留美子の原作マンガの世界観を大きく逸脱したアニメ作品だが、文化祭準備の騒動のなかに、東宝特撮の怪獣たちを観ることができる。また、校舎の壁にこの年復活した『ゴジラ』の初代版を上映して楽しむカットもある。みんなと楽しく暮らしたいというラムの願望を夢邪鬼がかなえたことで、友引町が町ごと巨大な亀の背中に乗っている。浦島太郎の話で、もしも龍宮城に向かう亀の背中に村の人が全員乗っていたらどうなるのか、という想定に基づいていた。人を乗せて宇宙空間を飛ぶ亀といえば、やはりガメラであり、対決こそしてはいないが、二つの怪獣が一つの作品のなかで遭遇している。八四年のゴジラは後に続編が作られて、平成ゴジラシリーズとなる。『ゴジラvsビオランテ』(一九八九)で、それを立ち上げた大森一樹監督は、押井作品の併映となるアイドル映画『すかんぴんウォーク』を担当していた。

また、福井を舞台にした怪獣映画のパロディとも言える『大怪獣東京に現わる』(一九九八)では、レーダーの影だけの存在だが、ゴジラらしきトカゲ型怪獣が東京に出現したのと呼応して、ガメラらしきカメ型怪獣が福岡に出現する。東京のキー局からのテレビ放送を暇つぶしに福井の主婦たちが観ているなかに、怪獣出現という椿事がどのように扱われるかをシミュレーションした映画で、一九九五年の阪神大震災や地下鉄サリン事件を踏まえて、当事者と傍観者の間の関係をメディア論的に批判した作品でもある。どちらの怪獣も原発のある福井を目指してやってきて、両者は琵琶湖で激突する。その様子はあくまでも間接的に語られるだけで、両者は海に消えていくのだ。もちろん怪獣特撮とは呼べないだろうが、NAKA雅MURAの原案と脚本が、ゴジラとガメラ両者のオマージュから発しているのは間違いない。

そして、PS4用のゲームソフト『巨影都市』(二〇一七)にはゴジラとガメラがゲスト出演している。プレイヤーが、ウルトラマンやエヴァンゲリオンをはじめ巨大な宇宙人やロボットや怪獣など「巨大な影」が争うなか、その足元を踏み潰されずに移動し、しかも破壊行為から逃れるゲームである。ゴジラとガメラが出現するのは異なる場面で、それぞれの敵であるキングギドラやレギオンと戦っていて、両者が互いに戦うことはない。着ぐるみだろうがCGだろうが、ゴジラとガメラの両雄が激突する映画そのものは、今のところ実現してはいないので、今後の楽しみとして残されている。

ガメラとゴジラの関係は、先行していたゴジラをガメラが一方的に追いかけただけではない。昭和ゴジラシリーズの後半が子ども向け路線に変更した際に、主題歌を入れたり、子どもが主役になったり、ミニラを登場させたりと、子どもの味方を標榜していたガメラシリーズと共振する部分をもつようになった。それは怪獣の位置づけに広がりを与えた。

いささか極論するならば、時代の嗜好の変化と映画会社を超えた相互作用によって、昭和のシリーズのなかで、ゴジラは子ども向けとしてガメラ化し、ガメラは大人向けとしてゴジラ化したとも言える。そうした広がりを得たために、ファンは一つにみえる怪獣に複数の意味合いを発見し、作品ごとの造形や特撮の出来栄えの違いを含めて、シリーズ中のどのガメラやゴジラが好みかを語れるのである。

さらに、昭和においては、制作スタッフや俳優たちを専属にする撮影所システムもあり、移籍という形をとらないかぎり、大映のガメラと東宝のゴジラのシリーズの製作者たちは直接交わらなかった。けれども、平成以降の作品に関しては、製作スタッフの直接的な移動が起きたのである。

平成ガメラ三部作の金子監督は、ゴジラ映画を撮りたいと願っていたのだが、まずは平成ガメラ三部作で特撮怪獣映画を監督するチャンスを得た。実績を積んだことで、念願がかなない『ゴジラ・

モスラ・キングギドラ　大怪獣総攻撃』（二〇〇一）を作り上げることができた。これは日本という「くに」をめぐる映画であり、キングギドラを聖獣とした点で、ミレニアムシリーズでも異色で、なおかつ重要な作品となった。ガメラから引き継いだ要素も多い。

また、ガメラ三部作で特技監督だった樋口真嗣は、一九八四年の『ゴジラ』の特撮を通じて映画と関わった過去をもっている。東宝で『ローレライ』（二〇〇五）や『日本沈没』（二〇〇六）などさまざまな映画の監督を経たあと、日本からゴジラ映画の復活を打ち上げた『シン・ゴジラ』の監督（ただし総監督は庵野秀明）となった。本書では、ガメラとゴジラといった二つのシリーズそれぞれが独自の発展をとげたのではなく、相互に影響があったと考えていきたい。

昭和からライバルであるガメラとゴジラだが、ゴジラ映画のほうは、二〇一〇年代に入って、日米で華々しく復活した。最後にキング・コングとの対決が予告されているのが、『GODZILLA　ゴジラ』（二〇一四）以下三部作となる予定のアメリカのレジェンダリー版である。庵野秀明監督の『シン・ゴジラ』（二〇一六）、さらに、『GODZILLA　怪獣惑星』（二〇一七）に始まる劇場アニメ版などもある。それに対して、二〇一五年の短い予告編以降、ライバルだったはずのガメラは、どこか陰に隠れてしまっている。その復活を願いながら、ガメラのもつ意味を問い直してみたい。

【本書の構成と内容】

本書はガメラ映画十二作を製作された順序で論じていく。

第1章では、最初の三作を三部作とし、『大怪獣ガメラ』、『大怪獣決闘　ガメラ対バルゴン』、『大

怪獣空中戦　ガメラ対ギャオス』を扱う。冷戦体制と戦後から脱却と復興そして列島改造へ移る日本が描き出されている。とりわけ、ギャオスという永遠のライバルを見出した意味は大きい。

第2章では、『ガメラ対宇宙怪獣バイラス』、『ガメラ対大悪獣ギロン』、『ガメラ対大魔獣ジャイガー』、『ガメラ対深海怪獣ジグラ』を扱い、子どもたちが主役となったことと、宇宙志向や万博との関連を述べる。低予算のなかで、企画のタイアップを強めたが、大映の倒産でガメラ映画そのものが存続できなくなった。

第3章では、昭和ガメラの全作を担当した湯浅監督のガメラ映画がどのような演出をおこなったのか、そして昭和ゴジラとどこが違うのかを論じる。湯浅監督が井上梅次や衣笠貞之助から学んだことがガメラ映画で生かされている。そして湯浅監督の持論である「アイドル＝怪獣論」は、金子監督とつながる点が多い。

第4章では、大映復活後の『宇宙怪獣ガメラ』をめぐり、冷戦崩壊に向かうときに、いかに時代とずれてしまったのかを明らかにする。そして、怪獣特撮で育った才能が台頭してきたことで世代交代が進んだのである。

第5章では、『ガメラ　大怪獣空中決戦』、『ガメラ2　レギオン襲来』、『ガメラ3　邪神〈イリス〉覚醒』の平成ガメラ三部作を扱う。原爆ではなく原発が重要となり、ネットワーク化されたなかで怪獣像も変化していく。さらに、ガメラによる被害者問題が浮かびあがる。

第6章では、平成ガメラ三部作の金子監督のアイドル志向と、怪物ホラー映画における「美女と野獣」の枠組との関連、また、巫女としてヒロイン像が平成ゴジラシリーズとどのように異なるのかを考える。そして、古代の記憶とつながる『ガメラ3』を踏まえて、金子監督がゴジラ映画で、記憶と記録の関係をめぐって何を描いたのかをはっきりとさせる。
第7章では、角川時代となって作られた『小さき勇者たち〜ガメラ〜』が少年ドラマ化したことや、田崎監督の狙った演出が、ファンたちの怪獣特撮映画としての期待に必ずしも応えられなかった理由を明らかにする。特撮ものの中心がテレビドラマとなった時代の変化がそこに映し出されている。

※　なお、文中では煩雑さを避けるために、作品名を『大怪獣ガメラ』以下、『バルゴン』『ギャオス』『宇宙怪獣バイラス』『大悪獣ギロン』『大魔獣ジャイガー』『深海怪獣ジグラ』『宇宙怪獣ガメラ』『ガメラ1』『ガメラ2』『ガメラ3』『小さき者たち』と表記する。また、基本データとして、『大映特撮映画大全』『ガメラ・クロニクル』『平成ガメラ　パーフェクション』を参照にしたが、これも『クロニクル』『パーフェクション』と略している。

※　註は文中に（★1）などと示し、各章末に付した。

第1章　最初の三部作の戦果

1　『大怪獣ガメラ』と冷戦時代の怪獣

【冷戦時代の怪獣として】

一九六五年に公開された『大怪獣ガメラ』は、国籍不明の四機の爆撃機が、北極上空を飛ぶ場面から始まる。そして、車を走らせて氷原上をやってきた、東京大学の動物学教室の日高教授と助手の山本京子、それに日東新聞のカメラマンの青柳の三人が、エスキモー（イヌイット）部落を訪れる。日高教授は、アトランティス大陸が北極の下にあったと考え、痕跡や証拠を調べるために、コロンビア大学の教授の紹介で訪れたのだ。

三人と村人たちはエンジンを切って滑空する爆撃機を目撃した。エスキモーの老酋長は「悪魔の鳥」と呼び、日高教授は「こんな平和なエスキモー部落にまで、冷たい戦争の波は押し寄せている」と冷戦の状況を嘆くのだ。三人を乗せてきた極地探検船のちどり丸も、この国籍不明機を発見し、「北緯八十四度二十七分、東経百七十六度五十八分」という具体的な位置をアメリカ軍に打電する。連絡を受けたアメリカ軍の戦闘機が四機を追尾するが、攻撃を受ける。反撃に発射したミサイルにより国籍不明機が撃墜されると、搭載していた原爆が爆発し、キノコ雲が立ち上るのが見える。

ガメラはこの原爆の熱のせいで目覚め、割れた白い氷原から出現する。タイトルとともに、二足で歩行し、長い尻尾が見え、さらに背中の甲羅の様子がアップになる。白黒画面のせいで、氷の白さとガメラの黒い姿が対比されて映えるのだ。眠りを覚まされた怒りに燃えたように、ガメラはちどり丸とその乗組員を葬り去った。「六十メートルの亀」という最後の通信から、その大きさが推定できる。

ちなみに、一九五四年の初代ゴジラの高さは五十メートルで、ガメラはそれよりも大きいと設定された。当時は建物の三十一メートル（百フィート）規制が生きていて、東京でもビルの高さはせいぜい九階か十階までだった。その限界を打ち破ったのが、超高層ビルの草分けとなる三十六階建ての霞が関ビルディングである。『大怪獣ガメラ』が公開された一九六五年に起工式をおこない、外観は六七年に完成した。つまり映画製作の時点で、東京タワーを除けば、東京には高い建物がほとんどなかったのだ。そのため通常のビルの二倍の高さのある六十メートルのガメラであっても、都内では十分に威圧的であり、巨大なスクリーンを通じて観客に脅威を与えることができた。

日高教授たち三人は、「第三次世界大戦」が始まるという心配から、ちどり丸に戻ろうとする。別れを告げた教授に、エスキモーの老酋長は、昔から伝わる亀と波の文様が刻まれた石を与えた。その証拠から、彼らがアトランティス大陸の文明の末裔だと確信する日高教授だが、酋長が「ガメラ」という名前を口にすると、子どもたちは恐れて逃げ回るのだ。そして、ガメラという忌まわしい名は、日高教授の口からアメリカのテレビを通じて伝えられ、世界中に定着する。

「ガメラ」の外国語表記は「ＧＡＭＥＲＡ」だけではない。『大怪獣ガメラ』のなかでも、フランスとドイツの新聞は「ＧＡＭＥＬＡ」とＬを使っていた。また、アメリカのＷＥＣによって劇場公開されたときには「ＧＡＭＭＥＲＡ」も使用された。「ゴリラ」と「クジラ」の合成と説明されるゴジラと違い、ガメラは子どもでもわかりやすい「カメ＋ラ」から生み出された造語だが、ゴジラが「ＧＯＪＩＲＡ」ではなく「ＧＯＤＺＩＬＬＡ」に統一されたのとは多少異なる。現在では「ＧＡＭＥＲＡ」に統一されているが、英語版で聞く限りは、「ＭＭ」の綴りのガメラが、いちばん発音しやそうである。

ガメラを目覚めさせた原爆を搭載していた国籍不明機は、アメリカ軍に撃ち落とされたのだから、ソ連を指すのは明らかである。米ソの対立が核戦争寸前にまで至ったのがキューバ危機だった。これが起きたのは、『大怪獣ガメラ』公開の三年前の一九六二年であった。そして、一九六四年には、核戦争を懸念する映画が二本アメリカで公開された。スタンリー・キューブリック監督の『博士の異常な愛情　または私は如何にして心配するのを止めて水爆を愛するようになったか』と、シドニー・ルメット監督の『未知への飛行（フェイル・セイフ）』である。

キューブリック作品は、マッドサイエンティストを示す原題の「ストレンジラヴ博士」を過激に解釈した邦題が印象的である。アメリカのＢ52による爆撃の報復に、ソ連が終末兵器を使うことにより、全面核戦争となって世界が終わる映像が登場する。またルメット作品は、コンピューターの誤動作でモスクワを核攻撃する指令を受けたＢ58爆撃機が、引き返せる安全ポイントを通り過ぎて投下し、その代わり大統領がニューヨークの攻撃を自軍に命令する話だった。どちらも米ソの対立は、北極圏上空で始まり、一線を超えると引き返せなくなる恐怖が描き出されていた（★１）。

ところが、『大怪獣ガメラ』では、核戦争が近づくという切迫感を人々が持っているようには見受けられない。ちどり丸に乗り合わせていたカメラマンの一人は、キノコ雲を見ても「こう北極でぽかぽか原爆実験が続いたら、地球の地軸が曲がってしまう」と冗談を言う。また、日高教授は、エスキモー部落できのこ雲を見ても、「死の灰もここまではこないだろう」と冷静で、逃げ出す様子もない。彼らの口調からはどこか原爆実験そのものに慣れていることがわかる。さらに、日高教授はニューヨークのテレビ局での会見でも、放射能を浴びたガメラは動物なのだから、そのまま死んでしまうだろうと楽観視していた。

こうした世間全般の楽観視を裏切ったのが、他ならないガメラだった。原爆の放射能で死滅するという甘い想定を裏切り、不死身のガメラは「空飛ぶ円盤」として出現する。核戦争の時代の申し子であるガメラは、大陸間弾道ミサイルのように、何よりも空からやってくるのである。

【北極海から日本本土へ】

北極海のちどり丸の乗組員たちがガメラの最初の目撃者だったのだが、彼らは死んでしまった。そのためガメラを日本本土で目撃したのは、新潟の山あいで、左卜全が演じる老人が、結婚式の帰り道に提灯をぶら下げて歩いているときだった。酔いが回った老人は、頭上で回転して飛行するガメラを目にする。初めは「人魂だ」とみなしたが、人魂が宙返りをするのはおかしいと思い直して、空飛ぶ円盤と結びつけるのだ。

左卜全は、いつもながらのとぼけた演技をしていた。卜全は東宝の黒澤明作品の農民の役や若大将シリーズの大学教授などで知られる名脇役だったが、協定に縛られないフリーの立場で、他の日活や松竹、そして大映にも出ていた。卜全の役割は、同じ大映の『初春狸御殿』（一九五九）で、タヌキに木の葉のお金で酒を騙しとられた村外れの酒屋の主人を演じた場合と似ていて、ガメラ映画にどこか民話的な雰囲気を加えていた。あとで新聞を広げて「あれはガメラだったのかあ」と妻に言う場面がある。

このとき、空飛ぶ円盤と間違えられたのは、ガメラの四本の足が引っ込んで火を噴き回転する姿のせいだった。一部はアニメーションで描かれたが、これ以降ガメラの「回転ジェット」として特徴づけられる飛行手段となった。

ガメラが北極海から日本へと直進したのならば、太平洋戦争時の日米の戦地であったアラスカのダッチハーバー、さらにアリューシャン列島のキスカ、アッツの上空を通過したのかもしれない。また、冷戦的な想像力からすると、北海道の襟裳岬に登場する前に新潟を訪れているのは、シベリア上空を大胆に横断するルートをたどったせいかもしれない（一九八三年の大韓航空機撃墜事件でも、カムチャッカ半島上空を横断し、サハリン（樺太）沖で撃墜された）。いずれにせよ、ソ連の領空を侵犯するので、北極海でのように、アメリカの戦闘機がスクランブル発進をしてガメラを追尾するのは不可能となる。『ゴジラの逆襲』（一九五五）が、大阪から北海道へと舞台を移して、ゴジラとアンギラスを、サハリン沖のオホーツク海上の島で戦わせたのが、やはり冷戦状況を下敷きにしていたのと似ている。

『大怪獣ガメラ』は、北極から出現した太古の怪獣を出発点にしたことにより、ユージーン・ルーリー監督の『原子怪獣現わる』（一九五三）の直系となる。『原子怪獣現わる』は、レイ・ブラッドベリの「霧笛」（一九五一）に基づき作られたのだが、霧笛を仲間の声だと思い深海に棲む太古の恐竜が灯台に引き寄せられる話が、北極圏の核実験によって、カナダのバフィン湾の氷の下に眠っていた恐竜リドサウルスがニューヨークを目指してやってくる話に変更された。これは「霧笛」の別名の「二万リーグ下の獣」という原題にふさわしい展開である。『原子怪獣現わる』が『ゴジラ』を生み出すヒントになったことは知られている。

このルーリー監督の映画に『原子怪獣現わる』というタイトルをつけて、一九五四年に配給したのが、他ならない大映であった。「原子怪獣」という名称は大映が選んだもので、これはガメラにも通じる。あくまでも核爆弾によって眠っていた太古の生物が蘇ったのである。核実験の放射能によって、太古の平和な両棲生物が怪獣に変貌したというゴジラとは異なる。

しかも、タイトル後半の「現わる」という表現も大映が得意とするものだ。戦時中の映画製作の咎で公職追放となったフリー時代の円谷英二に特撮を依頼した『透明人間現わる』（一九四九）がある。また、岡本太郎も関与したヒトデの真ん中に目玉のついたような宇宙人が登場する『宇宙人東京に現わる』（一九五六）というSF大作も作った。大映はガメラ以前に、ハリウッド映画に対抗できるような特撮への関心があり、円谷英二とのつながりもある。そして『宇宙人東京に現わる』で特撮を担当した的場徹と築地米三郎が一時期の大映の特撮を支えた。その後、的場は大映から円谷プロへと移り、『ウルトラQ』などで活躍した。また、湯浅憲明監督が『大怪獣ガメラ』を作ったときに、築地米三郎が特撮を担当したのだが、こうした過去の縁から、円谷からの援助を密かに受けていたとされる。

原子怪獣としてのガメラが登場した六〇年代の半ばの時代は、ゴジラが水爆実験の被害者として、アメリカのビキニ水爆の実験や第五福竜丸という被害の記憶を国民と共有できた五〇年代半ばの時代とは隔たりがある。日本にとって占領軍ではなくなったアメリカ軍が活躍し、冷戦の対決がはっきりと描かれる。ガメラの昭和シリーズの後半で、日本人の子どもとアメリカ人の子どもが共同するようになる展開の予告ともなっていた。

この頃、怪獣特撮映画は、アメリカなど海外市場を考慮しないと製作ができなくなっていた。その意味で、冷戦の文化的な市場のなかに入っていたのである。東宝でも、『大怪獣バラン』（一九五八）がアメリカのテレビ向けに企画され、『モスラ』（一九六一）が、海外配給を担当したコロムビア映画の意向により、最後にモスラが九州の高千穂から旅立つのではなく、破壊したニューヨーク（を模した都市）からへと改変させられた。

『原子怪獣現わる』でのメイン州の灯台を破壊する場面は、『大怪獣ガメラ』ではそのまま襟裳岬の灯台の破壊へと焼き直された。冷戦時代の後半となるキューバ危機以降の産物として、一種の緊張状態を保ったままで核の怖さが忘却された時代だった。アポロ計画でアメリカが到達した月から持ち帰った「月の石」が一九七〇年の「人類の進歩と調和」を目指す大阪万博の展示品の目玉となった。その年に公開された『ガメラ対大魔獣ジャイガー』で、ガメラは万博会場を破壊しようとするムー大陸に由来の怪獣と戦うことになる。この話は章をあらためて、のちほど語ることにしよう。

【なぜガメラは亀なのか】

ガメラは、ゴジラも含めた冷戦期に生み出された怪獣や怪物の後継者なのは間違いない。だが、独自の持ち味をもたらしたのは、ガメラが爬虫類ではあっても、トカゲではなく亀の姿をとり、しかも二足歩行をするせいである。ゴジラの二足歩行は、化石からの復元図でのティラノサウルスなどの恐竜を連想させて説得力をもつが、着ぐるみ（ぬいぐるみ）の事情があったとはいえ、二足歩行をする亀は現実にはありえない。

ところが、ファンタジーの世界では話は違う。ディズニーの有名なアニメ短編の「うさぎとかめ」（一九三四）は、イソップ物語に基づくのだが、ウサギのマックス・ヘアーと、亀のトビー・トートイズが二本足で競争する。亀ののんびりとした足の動きがユーモラスである。また、一九八四年に始まった「忍者タートルズ（ミュータント・タートルズ）」と知られるアメコミとアニメのシリーズでも、鉢巻に日本刀という姿のレオナルド以下のタートルズたちは、二足歩行をしていた。昔からファンタジー世界の動物の住民たちは人間のように二足歩行をし、ガメラもその系譜に属している。現実世界ではありえない立ち姿をとる点で、「科学」を志向するゴジラとは別物なのであり、これは優劣の問題ではない。

ガメラが亀であることを支えた文化的な背景もいくつか考えられる。一つ目の背景は、六〇年代当時、子どもたちの間にあった亀ブームである。『大怪獣ガメラ』の主要人物の一人である俊夫は、今は北海道の襟裳岬に勤務する灯台守の父親に連れられて、転校が多かった。友だちのいない寂しさからなのか、「チビ」と名づけたミドリガメを飼っている。学校にも連れてくるほどの傾倒ぶりは、姉や学校の担任に心配されるほどだ。そして、自分の食事も満足に摂らずに亀の餌にしてしまうので、父親からチビを捨ててこいと命令される。叱られた俊夫は仕方なく灯台の崖の下に、こっそりとチビを隠すのだ。俊夫が飼っている亀を殺さずに逃がす展開にしているのは、ガメラを恐怖の対象とみなす以外の視点を提供している。

俊夫が小さな水槽で飼っていたミドリガメは、縁日の「亀すくい」などで売られ、お菓子の景品として配られたことさえあった。北米で飼育されたミシシッピアカミミガメの幼体、つまり子亀が輸入され販売されていたのだ。俊夫の飼っているミドリガメも、『キング・コング』や『原子怪獣現わる』といったモンスター映画同様に、アメリカからやってきた外来種なのである。

こうした亀ブームを扱った、一九六六年に円谷プロが手がけた怪獣特撮のＴＶシリーズの『ウルトラＱ』で、亀好きでやはり学校に持ち込む浦島太郎が出てくる「育てよ！カメ」（第６話）というエピソードがある。太郎は育てた亀に龍宮城へと連れていってもらおうとするし、太郎が乗った空飛ぶ亀の場面も出てくるが、あくまでもペットとして飼育された大亀であって、怪獣という様子ではなかった。このエピソードは放送前に収録が済んでいて、『大怪獣ガメラ』から直接影響を受けたはずもない。けれども、『大怪獣ガメラ』と「育てよ！カメ」のどちらでも、異様な亀好きの少年の行動が理解できずに家族は心配するのである。

ガメラの背後に亀ブームがあるとともに、物言わぬペットを飼う少年の孤独が、大人の理解を超えた俊夫のガメラへの愛着と結びついている。ミドリガメは成長すると甲羅の長さが三十センチにもなり、四十年以上生き延びる。そのためペットだった個体が遺棄され、野生化して生態系を乱す問題が生じた。在来種のニッポンイシガメの生存を脅かすとして、現在では環境省が二〇一五年に発表した「我が国の生態系等に被害を及ぼすおそれのある外来種リスト」の「緊急対策外来種」に入り、二〇二〇年からの輸入禁止が決まっている。

また、ガメラの造形自体は、ミドリガメではなく、カミツキガメの一種のワニガメをモデルにしているのだが、こちらも北米原産の亀である。甲羅の長さは八十センチにまで達し、体重が百キロを超えて巨大化する。カミツキガメの名の通りに獰猛な性格であり、やはりペット用に輸入されていたのだが、同じく環境省の「緊急対策外来種」に指定された。ミドリガメもワニガメも、ガメラにまつわる亀は、日本の固有種とされるイシガメやウミガメとは関係なく、アメリカ原産の外来種であることが、イメージの形成に重要だったのである。

二つ目の背景となったのは、亀が世界のあちこちで神話的な役割をもっている点である。日高教授が北極海でエスキモー（イヌイット）の伝承を調べているのは、アトランティス大陸との関連を追いかけてのことだった。動物学教室に所属しながら、超古代史とつながる内容を調べている点に日高教授の独自性がある。地中海や北大西洋に沈んだとされるアトランティス大陸を、アメリカ大陸と重ねようとする主張を、他ならないアメリカの政治家のイグネイシャス・ドネリーが口にしたことがあった。のちに、『ガメラ1』ではアトランティス大陸やオリハルコンの話が大西洋ではなく太平洋へと移動している。また、実際にイヌイットの民芸品には亀を連想させる物さえあると指摘もされる（『強いぞ！ガメラ』の「古いぞ！ガメラ」の章）。

アトランティス大陸とは直接つながらないが、亀は北米のネイティヴ・アメリカンにとって神話的な存在として伝承されている。イロコイ族などの神話が有名である。そして、「亀の島（タートル・アイランド）」とは、北米のネイティヴ・アメリカンの間では、「北アメリカ大陸」そのものを指す言葉である。自分たちが乗っている世界を亀にたとえているのだ（★2）。だとすると、アメリカ側の北極圏もこのイメージに含まれるだろう。

日本の伝承である浦島太郎を持ち出すまでもなく、亀の背中に乗るという発想は世界のあちこちに存在する。ガメラに子どもが乗っても不自然ではない。だが、ゴジラの背中に人間が乗るとは考えられないし、小美人たちがモスラに乗っても、守護神に運ばれているのであり、意味合いはかなり違っていた。

しかも、人間だけでなく、世界を背中に乗せる発想へとつながる。中国の蓬萊山の伝承や、ヒンズー教では、亀の背中に象を乗せてさらにその上に大地が乗っている。あるいは亀の下にコブラ蛇がいる宇宙図もある。世界の成り立ちのモデルとして亀が大きな役割を果たす神話が世界には多々ある（ピーター・ヤング『カメの文化誌』）。これはガメラを破壊神といった単なる恐怖の対象とみなすのを超えるために必要なイメージとなっている。

三つ目の背景になったのは、日本における亀の文化的な役割である。中国由来の「亀卜《きぼく》」といえば、亀の甲羅を焼いて割れ目から未来を占う技である。また「鶴は千年、亀は万年」というように長寿の印でもあり、亀はめでたい瑞祥となる（矢野憲一『亀』）。

奈良時代の元正天皇が即位した際に瑞亀が献上されて、「霊亀」という元号が三年にわたり（七一五―七一七）使用された。その前の元号が銅の産出による「和銅」であり、のちの元号が養老の滝発見につながる「養老」となった。そして養老の後に、聖武天皇のときに白亀が献上されたので、「神亀」という元号が六年間使用された（七二四―七二九）。こうした瑞祥としての亀と古代との結びつきは、平成ガメラにおいてより具体的に描き出される。瑞祥の亀は、甲羅をかたどった六角形の亀甲紋として残り、紋の中に「万（萬）」の字を入れた醤油メーカーのキッコーマンの屋号でもよく知られている。大映の『宇宙人東京に現わる』でも、地球が助かったあとに、うさぎやたぬきや蟹に続いて、亀が二匹這い出てきて泳ぐようすが描かれていた。のどかな長寿の印として、亀が使われているのは間違いない。

また、一九〇一年に発表された幼年唱歌に「もしもしかめよ亀さんよ　世界のうちでお前ほど歩みののろい者はない」とあるように、亀には鈍重で歩みの遅いイメージがある。この歌詞はイソップ物語の「ウサギとカメ」に由来するのだが、すでに物語は安土桃山時代に「伊曽保物語」として紹介され、江戸時代を通じて広まり、日本の文化のなかに入り込んでいた。相手の油断によって形勢を逆転する内容で、「アリとキリギリス」の話のように、勤勉を守り怠惰を戒める教訓をもつとされてきた。大映特撮怪獣映画の企画として、鼠を使った『大群獣ネズラ』の失敗の後で、亀を選択した際に、ゴジラの後発であるガメラが追いついて逆転する願いがこめられていたとも読めるのだ。

【エネルギーと怪獣ガメラ】

ガメラが日本にやってくる理由は、映画を観ていてもよくわからない。日本とガメラの結びつきを、映画内の歴史に根拠を求めるのは無理である。ゴジラには大戸島の伝説があり、昔から来訪していた記憶を村人たちが共有していた。島の長老が「ゴジラかもしんねえ」と言うときに、「いつもの爺さまのゴジラかよ」と若い娘から揶揄される。言い伝えとしてゴジラがこの島の歴史の一部になっていることを示している。

けれども、『大怪獣ガメラ』の場合、日本はアトランティス大陸とも北極圏とも無縁なので、老酋長が「ガメラ」と言っても具体的なつながりはなかった。せいぜい、容貌などの点でエスキモーと日本人とに親近感がある程度の関連である。ゴジラに「呉爾羅」という漢字を当てはめるのも、日本の古層とつなぐ思いつきである（★3）。ガメラをめぐっては、公式にはそうした表記は見当たらない。『駕瞑羅4 真実』の漢字表記も、むしろ前作にあたる『ガメラ3』のカタカナ表記との差別化を目指したものだ。

ガメラが日本に飛来する理由でいちばん納得がいくのは、エネルギーを求めて、という説明である。ガメラは企画案にもあった「火喰い亀」（北大の村瀬教授は「ひぐいがめ」と発音している）という設定のせいで、エネルギーを貪欲に吸収する。左卜全が演じた新潟の老人が夜道で手にしていたのは提灯だったが、そのろうそくの火に誘われたと言えなくもない。ガメラが近寄らず上空で反転したのは、その火があまりにも小さすぎたせいだろう。

次に襟裳岬の灯台に引き寄せられるのは、明らかにその光による。ブラッドベリの「霧笛」の場合、太古の恐竜が灯台に近づいたのは、鳴らされた霧笛を同類の泣き声とみなしたせいだった。ただし、ガメラは灯台の光に誘導されたのだろうが、壊しても炎はあがらず、食べ物とはならないのだ。

襟裳岬の次に「火を食べる」ガメラが目指したのは、道内の地熱発電所だった。ガメラ対策に東千歳駐屯地に向かった日高教授たちは、ガメラの現在地について自衛隊の幹部から説明を受けた。そのとき、背後の地図には北海道の中心部に地熱発電所が位置することが示される。

日本地熱協会の説明によると、この一帯は「活動度指数」が極めて高いのだが、大雪山系にあたり、当時も現在も発電施設は存在しない。北海道では現在、洞爺湖と森の二箇所しか稼働していない（サイト「日本地熱協会」）。森にある二万キロワットの地熱発電所は、二〇一八年の北海道胆振東部地震でも、地震後に落ち込んだ電力供給を支えるためにフル稼働している。この説明のときに、千島火山帯の「千度の水蒸気」と説明されるのは、常識はずれな説明に思えるが、高温の過熱蒸気は実用化されていて、千二百度の蒸気が、機械の乾燥や食品の消毒などに使われている。

３・11以降、自然再生エネルギーとして注目される地熱発電所だが、温泉施設との関係で、実用化は進んでいない。『大怪獣ガメラ』が地熱発電所に注目したのは、公開後の一九六六年に岩手県八幡平で正式運用が始まった松川発電所の話題がすでにあったからだろう。そして、ガメラが襲う道央にある地熱発電所は三十五万キロワットの出力を誇っている。これは驚くべき数字なのである。松川発電所は二万三千キロワットだし、現在日本中の地熱発電所をあわせても五十二万キロワットしかないのだから。

人間たちは地熱発電所の全出力を高圧線に流してガメラにぶつけるのだが、むしろガメラは勢いづいてしまう。そこで、日高教授は北大の古生物学研究室の村瀬教授に相談をする。村瀬教授は「火喰い亀」はプラトンの著作に出てくるとしているが、プラトンが『ティマイオス』などで伝えたアトランティス大陸とガメラとのつながりを強弁する虚構である。そして、核兵器にも耐える金属よりも強いガメラの皮膚とは、オリハルコンのような超古代の物質だろうか。のちの平成ガメラ三部作で、超古代人によって作られた人工物としてガメラが扱われるのも不思議ではない。

不死身に思えるガメラを倒すために、最終手段としてアメリカ軍に核爆弾の投下が要請される。しかし、ガメラを殺すなと俊夫が止めに入り、日高教授たちもかえってガメラにエネルギーを与えることになるので核爆弾の投下に反対したので、中止となる。ゴジラシリーズの核攻撃の決定に比べて、現場の判断が軽く描かれているが、それはZプランの火星ロケット打ち上げの手軽さともつながっている。

核爆弾による攻撃を断念したせいで、エネルギーをガメラに与えずに退治する戦略を自衛隊は選択する。それは、冷凍爆弾を使って、行動を十分間停止させている隙に、ダイナマイトを仕掛けてガメラを逆さまにしてしまうという作戦だった。仰向けになればそのまま腐ってしまう計略だったが、その目論見は失敗する。ガメラは四本脚を引っ込めて、ジェット噴射で飛び去ってしまう。そして羽田沖の東京湾になりを潜めていた。その後、羽田空港の管制塔、さらには東京タワーなどを破壊し焼き尽くすのである。それは空腹を満たすためでもあったのだ。

ガメラは川崎のコンビナート群を燃やしながら、その火を食べていた。都市の内部の配管などのブラックボックスが表に露出しているのが、こうしたコンビナート群である。ガメラに破壊される都内のビルなどと異なり、地熱発電所と同じくメカニズムがむき出しとなっている。「火力発電所のようなものを体内に持つ」と日高教授が説明するように、ガメラは火を食うだけでなく、火を吐くのだ。そのとき、コンビナートのパイプやタンクが、ガメラの内臓器官と重ねられる。ガメラをはじめ架空の怪獣たちの透視解剖図を喜んだ当時の子どもたちにとって、まさに怪獣特撮映画を通じて、炎上するコンビナートは見慣れた風景となりつつあった。

人間が文明を支えるのに不可欠なエネルギー源が変わってきた様子を、ガメラが石炭から石油までをエネルギー源とすることで示していた。しかも当時は、石油蛋白のノルマルパラフィンを利用して、「人造肉」さえ試作され、将来の大量生産が検討されていたのだ。コスト高で中止になったが、石油を食べようとしていたのは怪獣だけではなかったのである。

【亀マニアとガメラ】

怪獣映画において重要なのは、この世に存在しないものに対して、国際社会や国家や市町村さらに主人公やその家族がとる対応を、どこまで真面目に描くのかにある。そのとき、グローバルからローカルまでの課題が入り込んでくるわけだが、ファンタジーの要素が強いので、それをどこまで取り上げるのかは、製作側の判断に任されている。

『大怪獣ガメラ』でも、冷戦下という大きな構えで始まりながら、日本国内での解決へと退いてしまうのだ。日本におけるガメラに対する大人たちの反応は、日高教授を中心とした科学者グループと、もう一つは自衛隊を中心とした軍人による二つがある。自衛隊も初めて遭遇する敵なので、科学者たちの意見を参考にして作戦を立てていく。『ゴジラ』における芹沢博士のような「マッドサイエンティスト」としての科学者の扱いとはずいぶん異なる。そして、東西の冷戦を超えた科学者の共同体の手による火星ロケットのZプランによって、ガメラを処理することになるのだ。

この作品には、亀マニアという形を借りて、ガメラという怪獣に取り憑かれ、偏愛する俊夫の物語がある。俊夫は、周囲から、人間の代わりに、特定の動植物を偏愛するのはいびつだとみなされている。亡くした母の代わりとなる姉から、「もしも今のまま大きくなって人間嫌いにでもなったら大変なの」とか「世の中はね、一人で生きていかれないでしょう」と鋭い追及をうける。そして父親に亀を捨ててしまうぞと脅されたので、灯台のある崖の下にチビを隠した。その直後にガメラが登場したのである。

亀マニア（今なら亀オタクと呼ばれるのか）の俊夫の行動が、周囲に理解されない点がきちんと描かれている。俊夫はガメラを見ると、「亀だ」と見て取り、怪獣から逃げようとする父や姉とは異なり、灯台に登って近づいていった。これはガメラも含めた怪獣のマニアたちによる行動の代弁であり、孤独な俊夫のところにこそ、氷の下に閉じ込められていた孤独なガメラはやってくるのだ。灯台を倒すガメラだが、俊夫はぶら下がったところを助けられたおかげで、チビがガメラになったと信じ込む。俊夫は自分の食事を削ってまで餌を与えていたので、ガメラの行動は、鶴ならぬ亀の恩返しとみなすのだ。

灯台が壊れてしまい再建されるまで、俊夫と姉は東京の築地に住む親戚の厄介になる。さらにガメラによって都心が破壊されたので、八王子へと疎開することになっても、俊夫はガメラを忘れない。ガメラの孤独を理解できるのは自分だけだとして、ガメラの後を追うのである。そしてZプランを進行中の伊豆大島に密航までしてガメラと会おうとする。

この「亀＝ガメラ好き」を貫いた生き方をする俊夫の行動は、亀マニアの鑑と言ってもよい。周囲の大人に動機や気持ちが理解されるはずもない。少なくとも第一作の『大怪獣ガメラ』に限って言えば、ガメラは子ども全般の味方なのではない。自分を理解し慕ってくれる、俊夫という一人の亀マニアの味方なのである。俊夫とガメラの孤独が相照らすように作られていることで、それが成り立っている。これはそのまま怪獣好きの子どもたちの代弁ともなった。

俊夫が亀としてのガメラを追い続けるのは、核戦争が始まろうとしている現実を前にしても、アトランティスと亀の関係を調べようとする日高教授にも通じるところがある。俊夫がこの映画のなかで大人たちに受け入れられているのは、ガメラを間近で見て救われた体験の持ち主というだけでなく、亀を飼育する理系少年として、日高教授や村瀬教授に通じる資質をもつせいである。その後のガメラファンの子どもたちとは、ずいぶん異なっている。

映画内の主人公の孤独と出現する怪獣の関係は重要である。『ウルトラQ』の「鳥を見た」（第12話）というエピソードでも、天涯孤独で気ままな暮らしをする少年のもとにやってきた小鳥が、じつは古代怪鳥ラルゲユウスだとわかる。俊夫における怪獣と少年の双方の孤独という主題は、ゴジラと芹沢博士の関係にも似ているが、ガメラを倒そうとするのではなく、守ろうとする点で大きく異なる。ガメラの物語は、子どもの味方としてのガメラが登場する前に、ガメラの味方としての子どもを描いていた。そのことがのちの広がりを与えたのである。

【地球の外へとガメラを捨てる】

ガメラは、原爆という究極の武器によっても倒せない不死身の生物で、武器による攻撃さえも自身のエネルギー源として吸収してしまう。そうしたガメラを始末するのは難題だった。そこで、死ではなくて、行動の停止が考えられたわけだ。十分間しか効果を発揮しなかったとはいえ、冷凍爆弾は、ガメラを閉じ込めていた北極海の氷と同じで、動きを封印してくれた。こうして封じ込める以外に、地球内で怪獣ガメラと共存できる道はない（これはゴジラとも共通する足かせである）。

けれども長期の停止は不可能なので、Zプランという火星ロット打ち上げの計画を使って、ガメラを地球の外に捨てることになった。これは、ミドリガメのチビを「捨ててきなさい」と父親に命令されて、俊夫がとった行動と同じである。そして、この方法は、すべての亀を擁護する立場から、ガメラを殺さないでくれ、と訴える俊夫の気持ちにもかなうのである。

伊豆の大島に建設中の火星ロケットのZプランから、米ソの対立のなかで、あたかも日本が第三の極に立っているように浮かび上がる。東西の冷戦のなかで、某国の原爆によりガメラ騒動は始まったにもかかわらず、領空侵犯や原爆事故の責任についての対立はない。そこには、「科学者」は政治的な対立を超えてわかりあえる、という立場が建前として存在しているだけだ。

Zプランの完成には二十四時間が必要ということで、時間を稼ぐために、川崎のコンビナートにいるガメラに向かって、石油タンク車を次々と突入させて好物の炎を生じさせるのだ。燃え盛る炎のなかで、食欲を満たしているガメラは移動せず、その場に釘付けとなる。Ｚプランが完成したあとで、伊豆大島に誘導するために海上に炎の道を作るが、台風が接近してきて強い雨風によってかき消される。俊夫はガメラに向かって島に近づくなと警告するのだが、周りの大人たちは、建物に火をつけることまでしてガメラを誘導した。その火さえも消えかけたとき、神慮のように三原山が噴火し、その御神火に導かれて、ガメラは伊豆大島に上陸する。

これは一九八四年の『ゴジラ』で、音波で誘導したゴジラを三原山の火口から落として封じ込めることの下敷きとなったイメージだろう。誘導と封じ込めの話をガメラとは別のやり方で語ろうとしていた。もっとも、このゴジラは、続編の『ゴジラvsビオランテ』（一九八九）で三原山から再登場することになるのだが。

ガメラは火星行きのＺプランロケットによって、生物のいない火星に向かう。地球外へと追いやる以外に地球由来の怪獣の被害を解決する道がないとも言えるのだ。ガメラを乗せてロケットが飛んでいった後に、寂しくないかと日高教授に質問されて、俊夫は、「先生のような科学者になって、火星のガメラに会いに行く」と答える。これが続編を想定していない終わり方であるのは間違いない。だが、解決策としては不十分だったために、すぐにもガメラは地球に帰ってくることになる。

２　『大怪獣決闘　ガメラ対バルゴン』と戦後からの脱却

【戦争のトラウマと大人向けガメラ】

『大怪獣ガメラ』のヒットを受けて作られた続編の『大怪獣決闘　ガメラ対バルゴン』（一九六六）

は、前作の副社長の永田秀雅ではなく、父親である社長の永田雅一が直接製作に乗り出す作品となった。社長直々の企画となったおかげで、使える予算も潤沢で、セットも大掛かりとなり、大映スコープの横長の画面を存分に使う奥行きのある構図を多用できたのである。しかも、白黒ではなくカラー作品となり、本編の監督を戦前から活躍した田中重雄が担当し、若い世代の湯浅憲明は特撮に専念する二部体制となった。これは本編と特撮の分離をした東宝の体制に似ている。しかも京都撮影所による『大魔神』と二本立てにすることで、特撮映画史上稀に見る興行が実現したのである。

ガメラの昭和シリーズ内では、いちばんシリアスな路線が選ばれ、亀マニアの俊夫のような子どもを排し、大人向けの企画となった。戦争体験を背景に、物欲という大人の観客にわかりやすい欲望を中心に描いた作品となっていた。そして、ガメラのライバル怪獣として、冷凍爆弾ではなくて、冷凍怪獣バルゴンが登場する。背中の七本の白い突起から放つ虹の光線は、視覚的にも美しく、凍結した大阪城なども見どころである。

けれども、この作品への評価は賛否が大きくわかれた。子どもを主なターゲットとした怪獣映画であるはずが、一時間四十分という長さのなかで、神戸港でバルゴンが出てくるまでに三十分以上かかったのである。この遅延は、大人向けのドラマが挿入されているせいなのだが、その過程を楽しめるかどうかで、評価が左右される。同じ年の一月から放映が始まった『ウルトラQ』では、三十分番組のなかで怪獣が登場し、物語は結末を迎えるのだ。そのスピード感に慣れてしまうと、展開がまどろこしいと感じてしまう。

ガメラやバルゴンの破壊的な活躍を心待ちにしていても、大阪城前での対決で、ガメラはバルゴンにより冷凍凍結させられてしまう。その後も、バルゴンを琵琶湖に誘導する話に終始し、復活したガメラとの最後の戦いで、ようやく「大怪獣決闘」というタイトルにふさわしい展開を見せるのである。

子どもには不評だったので、次作では子ども向け路線に復帰するのだが、この『大怪獣決闘　ガメラ対バルゴン』の課題は、大人たちが共有していた二十年前の戦争のトラウマを、どのように克服するのかにあった。そのため、前作にあった同時代の冷戦という題材さえもずっと後ろへと退いてしまったのだ。

前作の続きであることをしめすために、冒頭で前回の『大怪獣ガメラ』のあらすじが若山弦蔵のナレーションで語られる。原爆によって「数千年の眠り」から覚めたガメラが、地熱発電所や都心を破壊するようすが登場する。そしてZプランによって火星へと送られるところまでが描かれる。「だが、突然隕石が出現し、ロケットは衝突。胴体は真っ二つになり、カプセルに閉じ込められていたガメラは再び正体を現した」と語られる。隕石との衝突というご都合主義によって、ガメラは解放され、地球へと戻ってくる。印象的な赤い隕石が登場して、映像は本格的にカラーとなった。

目覚めたガメラは、「電力のエネルギーを体内に蓄えるべく、東洋一の黒部ダムを襲ってきた」のである。発電施設が破壊され、燃え上がる炎やエネルギーをガメラは食べていく。本来人間に回るはずだったエネルギーを横取りし、破壊するガメラは、このときはまだ子どもや人間の味方ではない。むしろ破壊者であり、新しい役割を与えるためには、一度大人向けのガメラを通過する必要があったのだ、とさえ思えてくる。

ここで話の主軸となるのは、二十年前の戦時中に、平田一郎がニューギニアで発見して洞窟に隠した巨大なオパールを密輸する計画であった。一郎が捕虜収容所に入れられる前のことで、さらに密輸のためにニューギニアでオパールを探し回るアリバイ工作に遺骨収集を口実にするとか、父親を戦死させた船員が出てくるなど、太平洋戦争の記憶を利用している。一郎が松葉杖を使う不自由な体になっているのも、その名残に読めてくる。

主人公となるのは一郎の弟の圭介である。兄の代わりに、ニューギニアまで出かけて、冒険に巻き込まれるのだ。戦後世代らしく、圭介はパイロットの資格をとったので、小さくても観光飛行の会社を作りたいと願っている。実際に圭介がセスナやヘリコプターを操縦する場面が出てくる。同じ年に放映されたばかりの『ウルトラQ』のレギュラーである万城目淳が、星川航空のパイロットとしてセスナを操縦するのと似ている。

万城目を演じた佐原健二は、ゴジラシリーズに何度となく登場する重要な脇役を演じていたが、顔立ちがどこか似ている圭介役の本郷功次郎も、やはりガメラシリーズに何度も姿を見せるのである。ふたりとも、映画黄金時代の後半に登場し、二枚目俳優をめざしていて、怪獣特撮作品が自分の代表作になるとは思っていなかった。だが、結局それで記憶される運命を受け入れているのも似ているのだ。

東京大映撮影所としても、かつての仲間である的場徹が、『ウルトラQ』の第7話から参加して特撮で活躍しているので意識しないはずもなかった。『ウルトラQ』のマーブル模様のタイトルが、『バルゴン』のタイトルの背景に影響を与えたとも思える、何より白黒ではなくて、青を基調としたカラーになっている点に、映画会社としての誇りを感じさせる。

音楽の担当が前回の山内正から木下忠司となり、バルゴンの登場するときや、ニューギニアの

「土人」たちの踊りなどにつける音楽は、曲調が全体にリズムが重厚ときには鈍重で軽やかさを失っていた。テレビの水戸黄門の「ああ人生に涙あり」の作曲で知られる木下は、兄の恵介の監督作品に多く音楽をつけていた。怪獣特撮の劇伴音楽は、木下作品のなかでも異色であるが、戦争物や文芸物を得意としていた。それが今回選ばれた理由なのだろう。

ただし、『バルゴン』に描かれる戦争の傷跡は、戦後二十年が経過したことで、十年前の『ゴジラ』とは風景や内容が異なっている。十年前には戦争との連続性が問題となった。そのため戦災孤児や夫を戦死させた家族の表現が挿入されていた。病院などでの被災者の姿を表現する際にも戦中とのつながりがあった。だから、ゴジラによる都心の破壊は、否応なしに東京大空襲の記憶などと向き合うことになったのだ。

ところが、『大怪獣ガメラ』は、あくまでも同時代の表現に終始していた。そして、二作目の『バルゴン』は、戦争体験を想起するというよりも、そうした過去との決別であった。ガメラやバルゴンは、戦後復興がなったあとでの神戸や大阪の町を破壊している。それは神戸や大阪への空襲の再現というよりも、戦後の新しい生活秩序の破壊や解体だったのだ。なぜなら、オリンピックでの東京の大改造を経験したあとに、ガメラ映画は登場したからである。

そのため、登場人物たちがオパールを手に入れたあとで実現しようとしている夢も現実的である。自分の会社を設立するための資金とか、マンションを買って家族を呼び寄せるといった夢である。小市民的とも言える内容に、貧しさから這い上がってきて「一億総中流」という幻想に向かっていく時代の雰囲気が盛り込まれていた。観客の大人たちは、戦争のトラウマを都合よく忘れて乗り越える必要があった。そうした点で、物欲を中心に描かれたこの作品が、ゴジラシリーズで、モスラや流れ着いたその卵を興行に利用して儲ける話と同じく、大人の観客には実社会を反映していてわかりやすいが、戦後世代の子どもには無縁の話となったのである。

【オパールとエキゾティシズム】

この映画の主軸は、ニューギニアで戦った戦友でもある平田一郎と山師の小野寺とが大博打を打つ話である。ニューギニアの洞窟に隠された捨て値で二億円とみなす巨大なオパールを手に入れ、億万長者になる儲け話だった。神戸港に宝石ブローカーがやってきて、買い取る算段もついていた。

巨額のオパールの話は、一九五六年にオーストラリアで発見された、史上最大とされる三・四五キロの「オリンピック・オパール」を踏まえている。メルボルンオリンピックにちなんだ名前だが、現在も二百万ドル近い時価がついている。CNNの二〇一七年の記事によると、一キロに満たない「ファイアー・オブ・オーストラリア」というオパールの原石で、七千六百万円相当とされる。オパールの原石で金持ちになっても不思議ではない。大人たちが非合法に一攫千金の夢を見るためには、オーストラリアの北に位置するニューギニアのジャングルという舞台装置が必要だったのだ。

ニューギニアに向かう貨物船あわじ丸の船員である川尻の手引きで、平田の弟の圭介と、山師の小野寺は、ニセの船員手帳を手に入れて密航する。海外渡航が厳しかったのと、オパールを密輸する隠れ蓑として貨物船がふさわしかったわけだ。川尻の説明では「神戸港を出て二十五日目にニューギニアの港に着く」のだが、再出港するまでに半月あるので、その間にオパールを探し出す計画だった。船を無断で降りる口実も「奥地で亡くなった戦友の遺骨を収集する」というものだった。小野寺があとでアリバイ作りに骨箱を用意するが、その中身は豚の骨だった。そして闇ドルを使う話も出てくる。オパールが偽物で、じつはバルゴンという怪獣の卵だったというのが鍵となるが、バルゴンはこの裏表や偽物だらけの世界にふさわしい怪獣だったのである。

計画立案者である平田一郎の妻は、琴でも教えているのか、着物姿で若い娘たちといっしょに演奏している。映画の海外輸出を意識して、「フジヤマゲイシャ」的な日本像が描かれる。琴の曲が優雅に流れる裏で、ピストルや爆薬といった非合法な武器を使った犯罪計画が立てられた。所有権は虹の谷の「土人」にあるはずで、それを奪取してくるのだ。しかも、川尻が地図で示すのは、パプアニューギニアのあたりだが、いずれにせよ政府の輸出許可を得ていない以上密輸である。

こうしたニューギニアの鍾乳洞に隠された宝物を探しに出かけるのは、H・R・ハガードの『ソロモン王の洞窟（鉱山）』（一八八五）以来の秘境冒険物のパターンを踏襲しているし、同時に東宝怪獣映画のルーツとなった『キング・コング』（一九三三）での現地人のタブーを破り、怪物を持ち帰るパターンも重ねられている。ニューギニアの密林の奥の虹の谷の村へは、圭介の操縦するヘリコプターで向かう。そして、「土人」たちによる踊りが描かれるのも、スペクタクルとして怪獣と同じ役割を果たし、半裸の女性の踊りはエキゾティシズムを掻き立て、同時に大人の主に男性観客のために必要とされていた。ゴジラシリーズでも、モスラやキングコングが登場する映画でも、「見世物」としてのレビューの要素は不可欠だった。

南方に対する恐怖のひとつが伝染病だった。マラリアもそのひとつで、やはり小野寺もかかる。メラネシアに含まれるニューギニアの一帯は、マラリアが蔓延しているので、薬となるキニーネが安価に手に入るまで、探検や調査が進んでいなかった。ニューギニアの西半分はオランダ、東半分はイギリス（のちにオーストラリア）が支配をし、太平洋戦争では日本軍が侵攻して、ポートモレスビーの戦いなどの激戦地となった。ニューギニア戦線を記憶している大人の観客もまだ多かっただろう。それだけに、日本人である平田一郎が、捕虜収容所に入る前にオパールを鍾乳洞に隠していて二十年間発見されなかったという話も、全くのデタラメには聞こえなかったのである。

虹の谷に入る前に石碑が立っている。そこには「虹の谷に行くな。虹の谷に行きて、帰る者なし」と刻まれている。そのことを教えてくれたのは、風土病の調査にやってきてこの村に居着いた平野医師と、日本語を解する酋長の娘でカレンという「土人の娘」である。軍隊による侵略とは異なる戦後のニューギニアと日本の関係を描こうとしていた。彼女は村の掟を伝え、バルゴンの秘密も知っている。このことが、日本を舞台に展開する後半部分で、問題解決へとつながっていくのだ。

本郷功次郎演じる圭介と、江波杏子演じるカレンは、バルゴン騒動を通じて近づいていく。圭介は最後にはニューギニアへと送っていくとカレンに申し出るのだ。本郷と江波の二人は、翌年の『女賭博師』（一九六七）でも共演した。そこでは三角関係のなかで、恋人である本郷と別れて、江波は賭博師の道を進むのである。江波が主演した「女賭博師」シリーズは評判を呼び、十七本が作られて、大映の女優としての代表作となった。

タブーを破って発見した洞窟の奥で、埋められていたオパールを川尻が見つけ出す。だが、それは村の伝説にあるように触れると不幸を招くものだった。小野寺は、川尻が毒サソリに刺されているのを見過ごして、分け前のライバルを減らす。さらに、爆薬を使って洞窟を爆破して、川尻を助けていた圭介もろとも奥に閉じ込めてしまう。そして、自分だけが遺骨を収集してきたとして、あわじ丸に戻るのだ。しかし、オパールだと思って彼が運んできたのはバルゴンの卵だった。

【神戸から大阪へ】

バルゴンを目覚めさせたのは、治療用の赤外線の照射だった。小野寺がマラリヤだけでなく、悪性の水虫にかかっているのを知った医師が、水虫治療のために赤外線照射機を使ったのである。その赤外線が背広のポケットに隠したバルゴンの卵を温めて孵化させてしまったのである。検疫のために神戸港に停泊中だったあわじ丸のなかで急速に成長し、船体を破壊して逃げ出した。神戸タワーなど港湾施設を破壊し、さらに冷凍光線を舌先から放射して、凍らしてしまうのだ。バルゴンは動物的な本能で、自衛隊による遠距離からのミサイル攻撃を察知すると、七本の白い背びれから、虹色の破壊光線を発した。オプティカル合成が見事にほどこされ、七色の虹がかかって、相手を粉微塵にするのである。

それにしても、卵から孵化したバルゴンや虹色光線のなどの設定は、『ウルトラＱ』の「虹の卵」のエピソードを連想せざるをえない。虹の卵を発見したら願いがかなうという話を、足の不自由な知り合いの老女から聞いた少女が、仲間と探しに向かっているなかで、虹の卵を発見する。だが、少女が発見したのは、ウランカプセルであり、それを求めてパゴスという地底怪獣が出現する。パゴスは金色の虹を放つが、白黒作品では虹色も金色も色彩として表現はできない。そこでバルゴンが虹色の光を放つのがとても印象深い。バルゴンが冷凍怪獣という点でも「ペギラが来た！」「東京氷河期」に登場するペギラをどこか想起させる。

もちろん、こうした影響や応答関係で重要なのは、対抗意識によって生まれ付け加わったアイデアや表現のほうである。先行する作品を機械的に模倣や借用しない限り、じつは要素が似ているときほど元とは異なる使い方がなされている。たとえ「虹の卵」から着想を得たとしても、卵をめぐる偽のあり方は異なり、虹の卵はウランカプセルで、オパールはバルゴンの卵である。金色の虹のパゴスと、虹色光線のバルゴンでは働きも異なるのだ。

そもそも「虹の卵」自体が、ミュージカル映画の『オズの魔法使』（一九三九）に出てきた有名な「虹の彼方に」という歌を踏まえている。さらに、ボームの原作自体が、『不思議の国のアリス』（一八六五）を意識しながら、イギリスのオックスフォードではなく、アメリカのカンザスを舞台に語り直したものだった。アリスが穴から地下へと落ちる代わりに、ドロシーは家ごと空へと舞い上がるように変更された。このようにテクストは過去作を模倣しつつ読み替えながら、そこに新しい要素を付け加えていくものである。

そして今回の映画の起源の一つと言えるハガードの『ソロモン王の洞窟』（一八八五）も、スティーヴンソンの『宝島』（一八八三）の人気にあやかって対抗心から書かれたものだ。そこで、同じように地図に頼る宝探しの物語が構想されたのである。海賊の宝の代わりに、聖書に出てくるソロモン王という具合にやはり変更されている。それはハガードが南アフリカに土地勘をもっていたせいである。このことは、他人の作品を自分のフィールドに引き込んで読み替えたものが、生き残る作品となっていくというアダプテーションの特性を物語っている。

「トカゲの化物」が神戸から大阪へとやってきたので、阪神地区からの避難が始まる。その最中に、小野寺の悪巧みが平田一郎にばれてもみ合いとなり、小野寺の手によって一郎と妻は倒され、バルゴンによる火災の被害者となる。そして、バルゴンは大阪城までも凍結する。

そこで遠方からのミサイル攻撃がおこなわれるのだが、それを察知したバルゴンは、虹の光線で遠方の峠に配置されたミサイルを破壊し尽くすのである。火を好むので、その光に誘われてガメラがやってきた。ところが、ガメラも凍結状態となってしまい、身動きが取れなくなってしまうのだ。肝心のガメラは、黒部ダムの破壊、そして大阪城での凍結にしか顔を出さず、映画の筋はあくまでもバルゴンをどのように退治するのかに向かうのである。

【琵琶湖への誘導】

小野寺は洞窟を爆破して圭介たちを閉じ込めて殺したと思っていたが、カレンたちによって圭介は救い出される。そして、バルゴンの卵が持ち去られた始末をつけようと、平野医師が日本に行こうとするが、代わりにカレンが圭介に手伝ってもらい向かうことになる。羽田空港に降り立つと、テレビで大阪が襲われてガメラが凍結されてしまう様子を目撃する。

カレンの説明で、バルゴンは陸上生物であり、その皮膚は水に弱くて、長く触れていると紫色の血を流して死んでしまうことがわかる。水中に誘導するために、代々村人が利用してきた巨大なダイヤモンドの結晶をカレンは提示するのだ。村人たちはバルゴンが「千年に一度くらい誕生する」と、ダイヤモンドの光で近くの湖へと誘導して倒してきたのである。ところが圭介が操縦するヘリコプターからバルゴンを誘導しても効果はなかった。

今回のバルゴンは赤外線を浴びて、急成長を遂げる突然変異体となった、という説明をあわじ丸の船医がする。そこで第二段階として、人工雨でバルゴンの動きを封じ、ダイヤモンドを通じて赤外線を増幅放射する。これが成功して、琵琶湖へと誘導していくのだが、小野寺は、オパールの代わりに、ダイヤモンドを奪うためにモーターボートで近づいてくる。湖上で襲ってきて奪取に成功するが、小野寺はダイヤモンドごとバルゴンに飲み込まれてしまう。

バルゴンを倒すことができなかったので、次に圭介は虹色光線で破壊されなかった車両のバックミラーからヒントを得て、「反射」させることを思いつく。そこでパラボラアンテナを改造して、バルゴンを自ら発する光線で破壊する作戦が立案された。これにより、バルゴンは傷ついたが、死なすことはできなかった。鏡による反射によって自滅させる作戦は、のちに平成ゴジラシリーズでも使われている。『ゴジラvsビオランテ』（一九八九）に登場するスーパーX2という兵器は、ゴジラの攻撃を反射する「ファイヤーミラー」を備えていて、部分的にゴジラを傷つけるのに成功する。同じく自業自得型の攻撃となっている。

今回は『大怪獣ガメラ』での原爆投下のような安易な解決方法を選んではいないが、人間の知恵によるバルゴン攻略の作戦は結局万策尽きてしまう。しかも、前回のような世界中の科学の知恵を結集することもなく、国内での作戦に終始する。そして、バルゴンに対して「日本＝人類」の側は完敗したのである。

バルゴンを倒す最終兵器として登場したのが、大阪城で凍結されていたガメラに他ならない。自然解凍され、冷凍状態から抜け出すと、一足飛びに琵琶湖に向かい、死闘を繰り広げる。大映スコープの横長の画面を巧みに利用して、四足の怪獣どうしがぶつかるさまを見せていた。これは神戸港の炎上を背景としたバルゴンの攻撃、さらに大阪城でのバルゴンとガメラの戦いの集大成となる。そしてガメラがバルゴンを琵琶湖のなかへと引きずり込むことで、死滅させるのに成功するのだ。

ガメラとバルゴンが琵琶湖畔で戦う場面は、巨大プールとロケを組み合わせることで成立した。この頃の特撮ものではロケ地に琵琶湖が多用されていた。怪獣映画ブームのなかで、東映は自来也を下敷きにした時代劇怪獣映画の『怪竜大決戦』（一九六六）を発表した。そこでは琵琶湖畔で怪竜が大暴れする。また、大映の大魔神シリーズの第二作の『大魔神怒る』（一九六六）は湖に武神の像をまつっている島がある、八雲の国の話で、隣国からの侵略を守るために大魔神が活躍した。湖が割れるという、ハリウッド映画の『十戒』（一九五六）にヒントを得たスペクタクルを再現していたが、撮影は琵琶湖でおこなわれたのである。

海や湖を再現する撮影に大プールを必要とする特撮は、戦中の『ハワイ・マレー沖海戦』（一九四二）以来、東宝の得意な領域だった。だが、大映も参入し、しかもガメラとバルゴンの二体が争う迫力のある場面を大プールで描いたことで、東宝に追いついたといえる。結局バルゴンはガメラによって倒され、その脅威は、飲み込んだダイヤモンドともに湖底に沈んでいった。この水中での最期は、初代ゴジラの断末魔にも似ているが、倒されたのはあくまでもバルゴンであり、主人公であるガメラが生き延びたことで、続編が暗示されていた。

【過去の訂正としての物語】

『大怪獣決闘　ガメラ対バルゴン』の物語で、物欲の化身としてバルゴン並みに活躍するのが、山師の小野寺である。小野寺はこの映画における悪を一身に引き受けている。彼の存在が映画に大人向けの雰囲気をもたらしているのだ。

小野寺は毒サソリにやられそうな仲間を助けず、殺害しかけた圭介とも争いになる。戦友の一郎も見殺しにした。最終的には、バルゴンを誘導するために使われたダイヤモンドをオパールの代わりに奪ったのである。その小野寺がダイヤモンドもろともバルゴンに飲み込まれるのは、悪は自滅するという「詩的正義（因果応報）」の図式によるものだ。

バルゴンの行動が小野寺の欲望と類似しているのは、孵化した場所が、ニューギニアの虹の谷ではなく、日本の神戸であったせいだ。しかも赤外線の照射で、本来なら十年で大きくなる体長にまで、短期間で成長した「特異体質」をもっている。そのため、何を目的として行動してよいのかわからずに、闇雲に神戸から大阪を荒らし回った。

『大怪獣ガメラ』において、俊夫とガメラの間に共通する「孤独」が一つの拠り所だったとすると、今回はダイヤモンドに誘導されるバルゴンの際限ない冷凍化や破壊の意欲が、小野寺と結びついているのだ。そして、死滅する小野寺やバルゴンを通じて、『大怪獣決闘　ガメラ対バルゴン』は、戦中や過去との断絶を描く映画となった。

ニューギニアの戦友だった平田一郎と小野寺、さらには川尻といった戦中派は、バルゴン騒動のなかで死んでしまう。彼らは、ニューギニアでの戦争体験という過去を訂正しようとはせず、利用して金を儲けようとしている。貨物船を使ったオパールの密輸を実行するし、遺骨収集も方便にすぎず、骨壺に入っていたのは偽装のための豚の骨だった。彼らは戦時中におこなった過去を反省するつもりは全くなかったのである。

それに対して、圭介とカレンに託されているのは、自分たちの過去を抗弁したり、修整や改変するのではなく、自らの過ちを訂正する態度をもつことである。圭介は、バルゴンを連れてきたのは、自分たちの責任だと感じている。カレンも、タブーを破る小野寺たちの行動を止められなかったのが、バルゴン出現の理由であり、だからこそ、村に伝わるダイヤモンドをもってきて退治しようとするのだ。

ダイヤモンド作戦の第一段階が失敗して、圭介は知事から「君たちの欲張った行動が今日の結果をもたらしたのを忘れたのか」と咎められると素直に自分たちの責任を認めるのである。自分の行動を恥じていて、その責任を感じるからこそ、バルゴンを倒す方法を彼なりに模索するのだ。

そして、バルゴンがバックミラー作戦で傷つくと、「もう虹は出さない」とカレンが断言する。それはジャングルで生きる動物は、自分の過ちで自分が傷ついたとき、二度と同じ過ちを繰り返さないからだと断言する。これはどこか「過ちは繰返しませぬから」という広島の原爆死没者慰霊碑の文言にも通じる。つまり過ちを繰り返すのは、ジャングルの動物以下ということになる。これは、戦後世代の態度でもある。その態度を共有しているせいで、圭介とカレンが結ばれることが暗示されるのである。

ただし、映画内には人物として登場しない怪獣特撮映画のターゲットである子どもたちは、圭介のように過ちを認めて、自分の態度を反省することよりも、ガメラの活躍を待望していた。破壊者としてのバルゴンと同じくらい世界のエネルギーをむさぼり、黒部ダムも壊したはずのガメラが、ピンチになると救済してくれる正義の味方となるのである。それは「敵の敵は味方」といった形でのガメラの容認であった。バルゴンに対して原子爆弾が使えないなら、代わりに同じ程度の破壊力をもつガメラがいるというわけである。第三作の『大怪獣空中戦　ガメラ対ギャオス』で完成する「子どもの味方」としてのガメラ像への転換は、この段階で密かに用意されていたのだ。

そして、その連続性を保証するように、ここで圭介を演じた本郷功次郎は、次に『大魔神怒る』、ガメラの第三作の『大怪獣空中戦　ガメラ対ギャオス』でも主演し、さらに第四作『ガメラ対宇宙怪獣バイラス』では子どもたちをサポートする役を演じる。これによって、ガメラ映画のひとつのフォーマットが完成するのだが、最初の三部作のイメージの形成に、本郷が大きな役割を果たしたのは間違いない。もっとも、本郷は怪獣映画の主演を嫌い、逃げ回ったことでも知られている（『スタアのいた季節』）。だが、実際には代表作となってしまった。これは歴史の皮肉と言える。

3 『大怪獣空中戦　ガメラ対ギャオス』と日本列島の改造

【好敵手ギャオスの登場】

『大怪獣決闘　ガメラ対バルゴン』が、大人向けだったのを軌道修正して、第三作目の『大怪獣空中戦　ガメラ対ギャオス』は湯浅憲明監督になり、子ども向けに路線が変更された。「ガメラと子どもがテレパシーで通じ合う」というのが監督の解釈だった（『ガメラ創世記』）。

第三作目で、ガメラの好敵手として登場したのがギャオスだった。鳴き声から英一少年が「ギャオス」と命名したように、科学者や軍人よりも、子どもが主導権を握るという大映特撮の特徴が出ている。ギャオスは、ゴジラにとってのキングギドラ同様に宿命の敵ともいえる。その後も何度でも形を変えて、昭和ガメラだけでなく、平成ガメラ、新生ガメラにも姿を見せる。石井監督版の短い予告編でも襲ってくるのはギャオスの群れだった。その意味で、ギャオスを倒すことがガメラの宿命となっていく。

今度は冷戦でも戦時中でもなく、同時代の日本国内の話に終始する。出てくるのも、山梨県側の富士山近くの山村や、ハイランドパークという遊園地である。これは『大魔神逆襲』が山村を舞台にしたことへの応答でもあった。そして、飛来したギャオスに名古屋城は一瞬にして破壊され、避難所に中日球場などローカルな場所が選ばれている。これによりどことなく身近な「みんなのガメラ」となった。しかも映画の最後に登場する主題歌の「ガメラの歌」は、三作の内容を順番に説明してくれるのだ。

映画の冒頭でいきなり海上に噴煙があがるニュース映像が流れ、ナレーションが「北緯三十一度、東経百四十度の海中より海底火山明神礁が噴火」と語り、緊迫感のなかで話が始まる。さらに「本日未明三宅島」が噴火したというニュース映像が流れる。初代の『ゴジラ』の前年の五三年には明神礁が爆発したが、六〇年にも噴火をしている。また、三宅島の雄山（映画では「おじま」と呼んでいる）が噴火したのは六二年のことであった。両方の噴火ともストック映像を利用しているので迫力がある。

噴火をしめす白黒映像がカラーに切り替わり、「地殻変動計測所」へと新聞記者が集まって、所長が記者会見をする。その際に記者の一人が、噴火が北上しているので、「しかし、まさか富士山が」と口にすると、富士山が噴火する映像へと転じる。色だけでなく特撮の効果も考えられていて、暗いなかで溶岩の流れも再現されている。この富士山の噴火に誘われて、ガメラが飛来するのだ。それを目撃するのが、富士の東側の山村の人々だった。そして今回の子ども側の主人公である英一が、「あ、ガメラだ」と喜んで言うと、ガメラを背景に『大怪獣空中戦　ガメラ対ギャオス』のタイトルが浮かび上がる。ガメラが赤い字、ギャオスが黄色い字で描かれて印象に残る。ここまでで三分なので、前作とは打って変わってリズムや流れが良い。第一作同様にドラマ本編と特撮の両方に責任をもつ湯浅憲明監督の持ち味が出ているのだ。

科学者を乗せて、富士山の噴火とガメラの様子の調査に飛んだヘリコプターへ、地上から超音波光線が飛んできて、ヘリコプターが真っ二つに切り裂かれる。それがギャオスの放つ超音波だった。

超音波が聞こえたり、光線として視覚化されるのは、ファンタジーなのだが、タイトルの黄色や消火するための霧も黄色で、ギャオスの特徴をしめす色は黄色だった。炎を象徴するガメラの赤と対照的なのである。

ギャオスが正体を現すのは、ガメラファンの英一少年が、新聞記者を不思議な光を放つ二子山に案内したときだった。「特ダネ」とか「ガメラ」という言葉に心を動かされて山中の洞窟に案内する。そのなかで崩落があり、英一は取り残されるのだが、自分だけ逃げ出した新聞記者が、まずはギャオスに食べられる。これは因果応報の図式だが、湯浅監督は「子どもを捨てていく」という罪を犯したので、「悪いやつだから食われた」という理屈づけが子ども向けに必要だという持論をもっていた（『ガメラ創世記』）。これが湯浅監督のガメラ映画の魅力であり、同時に犠牲者にも相応の理由をつけずにいられないというのが物語上の限界でもあった。ギャオスは英一を食べようとして掴まえるが、そこにガメラがやってきて、両者の闘いとなる。

ギャオスの造形は、吸血鬼から発想を得たので、コウモリのように飛行できるが、それでいて翼の先端に手がついている姿となった。三角形の黒い頭は、夜の住人らしく、太陽光線があたると危険信号を発するように赤くなるのだ。このギャオスの登場で、ガメラの立ち位置が決まることになった。ライバルや敵がはっきりしてこそ、善玉である英雄の姿が決まるのだ。ガメラは正義の味方、子どもの味方として決定したのである。

ガメラのライバルとして、前作のバルゴンは四足のトカゲ型でしかもニューギニアからやってきた怪獣であり、日本との縁は薄い。そもそも、ガメラも北極の氷の下から出てきた怪獣であり、「国産」とは言えないだろう。それに対して、どうやらギャオスは富士の東側の二子山の洞窟内に生息している。これは東宝怪獣映画で言えば、ゴジラやモスラといった外来の怪獣ではなくて、国内で発見されたバランやラドンとつながる。

生息地は必ずしも出生地を物語らない。それでも、舞台となる二子山は、ハイランドパークのロケ地にもなった二子玉川園にちなむのかもしれない。それだけでなく、背骨が二叉に分かれて音叉の役目をはたすギャオスの身体の構造ともどこか類似性をもつのだ。その意味で、土地の姿と似ているのだから、何千年も眠っていても、ギャオスは日本土着の怪獣と言えるのである。

これは余談になるが、野球選手に怪獣などの愛称がつくことがあり、ゴジラは松井秀喜、大魔神は佐々木主浩、そしてギャオスはピッチャーの内藤尚行を指す。内藤は、ヤクルトスワローズや千葉ロッテマリーンズで活躍した。高校時代からマウンド上で声を出すのが知られていて、ギャオスとあだ名され、現在もギャオス内藤を芸名にして活躍している。

だが、内藤とギャオスと大映との因縁はそれだけでなさそうだ。マリーンズの前身はロッテオリオンズで、さらに遡ると大毎（毎日大映）オリオンズにいきつく。永田雅一が一時期経営していて、その後ロッテに売却した球団だった。内藤が一九九七年に中日ドラゴンズで現役を退いたのは、ギャオスが中日（ナゴヤ）球場を襲ったことを考えると意味深い。それに、一九九三年に内藤がヤクルト時代に中日ドラゴンズと引き分け再試合に持ち込み、優勝へと導いたのはナゴヤ球場だった。映画では、ギャオスからの避難所となったが、中日球場ではロケをせずに、荒川区にあった大毎オリオンズの本拠地である東京スタジアムで撮影して、ごまかしたのである。映像で見ると球場の形が違うのがわかる。内藤とギャオスと大映との結びつきは、思いの外強いのだ。

【日本列島の改造】

今回ギャオスが出現したのは、富士火山帯が活発化して、富士山までもが爆発したせいである。しかも「中央縦断高速道路」の富士東地区工事現場が、ギャオスが眠る二子山の洞窟の近くにあった。ここは「山梨県八代郡」と新聞記事にもある。建設工事との因果関係は明らかではない。だが、噴火活動という自然による日本列島の変化と、道路建設という人工による日本列島の改造とが二重に捉えられているところに、『大怪獣空中戦 ガメラ対ギャオス』の特徴がある。

この映画の後に発表された田中角栄の『日本列島改造論』（一九七二）は堺屋太一など若手官僚たちのプランをまとめたものだった。それは一九六四年の東京オリンピックに向けて、東海道新幹線と東名高速道路が整備された延長にあった。新幹線は六四年に、東京、名古屋、大阪を結んだ。どれもガメラが三作で襲った大都市である。そして、東名高速道路は、すでに六五年に名神高速道路が完成していたので、それに接合する形で一九六九年に全線開通した。これによって、東京から神戸までが結ばれることになったのだ。

それに対して、映画内で「中央縦断高速道路」と呼ばれる中央高速道路（現・中央自動車道）の工事は遅れていた。予算を東名に振り分ける政治決着がついたせいだ。一九六七年から部分開通をしていて、最終的に全線開通したのは八二年のことだった。政治経済にからんだ社会的な背景もあって、高速道路建設はアクチュアルな話題だった。

建設現場となった山奥の村人たちは、補償金をもらう千載一遇のチャンスと思っている。そのために反対運動をおこしながら、金額を釣り上げようと村長は考え、村人も従っている。その村長こそ、ガメラファンの英一の祖父である金丸辰衛門だった。演じた上田吉二郎は、ダミ声で知られ、時代劇などでどこか憎めない小悪党の役が多かった。そのイメージ通り、前半は金にがめついのだが、後半は反省して英雄的な決断をするのである。それにしても、山梨の金丸といえば、金丸信という稀代の政治家を連想させる。こちらの金丸は中央自動車道建設とも関わり、第二次田中内閣では、建設大臣をつとめた。

『ウルトラQ』の第一話「ゴメスを倒せ！」も同じように「東海弾丸道路」の建設現場を扱っていたが、それはこの時期が、日本中を道路網で結びつける時代に入ったことを表象してもいた。映画の高速道路公団とは、もちろん日本道路公団のことである。わざわざ首都高が見えるビルを借りて、画面だけで高速道路とのつながりが見て取れるようにしたのである（『ガメラ創世記』）。このあたりの映像の設定が今回はすぐれている。

映画のなかでは、中央と地方との立場の違いがはっきりと描かれている。東京の局長が山梨の工事の遅れに関して文句を言っている。「国民の目が向いている」「今年中に完成させる」「公債を発行している」といった殺し文句を並べて、東京の責任者全員に大義名分を説く。そして、現場の主任技師である堤には、電話越しに「富士山が爆発しようが、ガメラがやってこようが、工事遅延の言い訳にはならんのだ」と説教する。

まるで戦時中のインパール作戦でもおこなっているかのような態度である。実際局長たちは年齢からも戦中世代であり、戦後世代の堤とは価値観が異なる。それでも、反対運動を解決しろ、という局長命令なので、堤は組織の一員として工事を再開する。だが、村人たちは堤に交渉相手の村長と面会させず、飯場を破壊したりする。そのとき、二子山に不思議な光が見られるようになり、ギャオス騒動に堤は巻き込まれる。

一方の村人たちの側も、「こんな山のなかの貧乏村に二度とこんなぼろい儲け話はこない」と考えていて、ワンマン体制の村長の手腕に期待をかけている。金丸村長は、道路公団の局長と同じく、村人たちをけしかけ、一致団結させている。大映の会社と労働組合の対立をモチーフにしたせいで、それぞれが強引な上司のもとで衝突しているのだ。第三作目のガメラ映画は子ども向け路線に変更しながらも、社会的な対立や問題点を忘れない展開になっていた。

ただし、戦後世代に配慮してなのか、現場監督の堤と、村長の娘で英一の姉であるすみ子は、住民側と建設側の対立の板挟みとなる。そして、すみ子は高速道路ができたら便利になるという意見の持ち主であるが、それを聞いた婆やは、「土地を捨てる人たちの気持ちはそう簡単にはいきませんよ」とたしなめる。日本列島の改造が強いた犠牲の一端を物語るセリフである。そして、土地を脅かす存在として、外部から建設業者やガメラが入ってきたのだすれば、村人が工事現場の者に向かって「お前たちが来てからギャオスなんてのが出た」というのも単なるこじつけと片づけるわけにはいかない。これは感情のレヴェルの問題でもある。都会と田舎が直結する高速道路がもたらす恐怖が、ギャオスを生み出していたのだ。

【ギャオスを撃退する】

ギャオスから英一を助けたときに、ガメラはメスのような超音波によって前足を切られてしまう。口から出す炎によって攻撃すると英一を巻き添えにする恐れがあったからだ。そこでガメラは足をすべて引っ込め、縦になって車輪のように回転をしてギャオスに体当りする。飛行中のジェット回転と同じく、ガメラにとって回転は重要な武器となる。

今回のガメラも子どもを救うのである。『大怪獣ガメラ』の俊夫は灯台から落ちかけたところをガメラに救われた。今度の英一は、ガメラの背中に乗せられて、ハイランドパークという遊園地へと運ばれる。そこで、観覧車に乗り移るのも、回転という今回のモチーフとつながる。

しかもそれだけではない。怪獣映画に遊園地が出てくるのは、『原子怪獣現わる』の最後が、ニューヨークの遊園地コニー・アイランドのローラーコースターだったことへのオマージュとなる。ガメラの場合、一作目で灯台の破壊を、三作目で壊しはしなかったが遊園地を登場させたことで、うまくイメージを借用した。そして、ガメラの背中に乗っても、回転せずに飛んだので、「目を回さなかった」と証言する。この言葉からギャオスを回転させて三半規管を狂わせる作戦が生まれた。こちらの回転はギャオスの弱点をつくもので、ホテルの上の回転レストランが改造されることになった。

この映画では子どもの意見や直感が、ギャオスを追い詰めるのに役立つのである。湯浅監督によると、人間ドラマや科学的説明の部分は、観客の子どもにはウケないので、さっさと話が進むように演出したのである。東宝特撮では、科学者による科学的説明や、自衛隊が活躍するのに多くの場面を割いているのだが、湯浅監督は、「実はこいつら、何の役にも立たない」と決めつけている（『ガメラ創世記』）。そして、英一という子どもの知恵や発想が事態を打開する展開にしているのだ。

科学者と自衛隊による共同作戦が成功して、怪獣を退治してしまえば、それは怪獣映画ではなくなるかもしれない。けれども、『ゴジラ』『ラドン』『モスラ』などの単独怪獣ものは、人間対怪獣の物語にならざるを得ないし、『大怪獣ガメラ』もその課題を背負っていた。実際、火星ロケットにガメラを封じ込めて捨てるというＺプランは、科学者たちの英知だったわけだが、それよりも子どもの意見のほうを優先するというのが、ファンタジーを作りたい湯浅監督の願いでもあった。

英一が絵日記を根拠に「おやつ前にはギャオスは出ない」と夜行性を指摘した。ギャオスを攻撃するために必要な情報やヒントを与えたのは英一だったわけだ。大人たちは明かりや火によってギャオスの出現を阻止しようとする。そして、夜間攻撃を逃れたギャオスが名古屋を襲ったときに、海のなかで傷を癒やしたガメラと戦い、海中に引きずり込もうとする。そのときにギャオスの足がちぎれ、伊勢湾に流れ着くことになる。紫外線によってその足が縮むことや、頭に赤い印が出てきたことから、太陽の光に弱い吸血鬼というモチーフがいかされる（『ガメラ対バンパイヤー』というのが最初のタイトルだったとされる）。

人工血液でギャオスをおびき寄せて固定させて、太陽光線によって滅ぼそうと計画された。ホテルの上の回転レストランが改造され、さらに人工血液を噴水のように吹き上げて、ギャオスをおびき寄せるのだ。この作戦も回転の負荷に耐えられず機械が壊れてしまい、成功せずにギャオスは生き延びることになる。

そして、最後の山火事作戦が考えられた。これは、太陽の光だけでなく火が嫌いなギャオスを足止めしながら、ガメラを招き寄せるというものだった。英一が「うちの山を燃やして山火事を起こせば」という言葉に、祖父の金丸村長は、自分の欲深さが地の底からギャオスを蘇らせてしまったと反省し、二億円の価値がある山林を提供して燃やすのだ。炎上のためそれを切り開くのは、道路公団の技師である堤たちにとって簡単な作業だった。そして、ギャオスを攻撃する戦闘機による爆弾の火で森が焼けていくのである。

ギャオスは必死に黄色いガスで消火しようとするが、その火にガメラが誘われてやってくる。ガメラとギャオスの死闘のさなかに、建設途中の高速道路の橋脚などが、破壊されていくのもかなり示唆的である。ビルやタワーやコンビナートのない山奥で破壊されるのは、ダムや道路などのインフラ設備なのだ。森や川が怪獣によって壊されても、それは自然の猛威程度で観客に訴求力を持たない。やはり人間が作り出した人工の風景が破壊されてこその怪獣映画なのである。

最後にはガメラがギャオスをとらえ、噴火して溶鉱炉のようになった富士山のなかに引きずり込む。これは、すべてを還元するものとしての大地や地球の働きを利用している。放射されていた黄色い超音波光線が絶えると、青木教授は「ギャオスの断末魔です」と宣言する。

これによって、幼稚園の子どもでも理解できるような「善＝ガメラ、悪＝ギャオス」の図式が確立した。飛び去るガメラに英一少年が「さようなら」と言うのもそれ以後定番となった。しかしながら、これこそが、怪獣ブームのなかでガメラが飽きられてしまう要素となるのである。あまりに単純な善悪の話は、冒頭から結末がわかってしまうので、小学校の高学年にもなると、もっと陰影をもつ物語、つまり妖怪ものやＳＦスリラーへと関心が移ってしまうのだから。

【もう一つのガメラとギャオスの戦い】

『大怪獣空中戦　ガメラ対ギャオス』の別の側面を引き出したものとして、『少年』の一九六七年四月号の付録として、中沢啓治による漫画化（コミカライズ）された作品を取り上げてみよう。小説を原作として映画化されるのが一般的だが、映画やそのシナリオが先で、それをもとに小説や漫画が生み出されることも多い。その際には、ノベライゼーションやコミカライズという呼び方がされる。そうした複数のメディア展開は、初代の『ゴジラ』のときから盛んだった。

中沢の代表作としては、自身の原爆体験を真正面から扱った『黒い雨にうたれて』（一九六八）や『はだしのゲン』（一九七三―八五）があるが、それ以前には食べるために数多くの仕事をこなしていて、映画の漫画化ものもそのひとつだった。その後『ガメラ対大悪獣ギロン』や松竹の『大巨獣ガッパ』を担当した。また『怪獣島の決戦　ゴジラの息子』も三十ページの漫画に仕立てている。平成ガメラ三部作を監督した金子修介は、ゴジラ映画も監督したことで知られるが、中沢はゴジラとガメラの両方を描いた漫画家でもあるのだ。

中沢版の『大怪獣空中戦　ガメラ対ギャオス』は、映画とは多くの点で異なる。舞台も二子山ではなく、もみじ山となっている。裏山の売却を、金丸老人に技師の堤と課長が迫るところから始まる。「道路ができれば　自然がこわされ　車や騒音で事故がおきるばかりだ」というのが反対理由であり、補償金交渉などの件は省かれている。

そこに富士山が爆発し、ガメラが登場する。そしてギャオスが出現すると、すみ子が餌食となってしまう。ガメラがギャオスを戦うときに、金丸老人は「ガメラがんばれ　にくい怪獣をやっつけてくれ」と孫娘の復讐をガメラに託すのだ。だが、ギャオスはガメラから逃れてもみじ山に消える。そして堤技師が、ガメラにちぎられたギャオスの足が太陽光に溶けてしまうのを発見する。

ギャオスは自衛隊を突破して名古屋市内を破壊するが、司令官が「水爆でもつかわないかぎりたおせん」というのに、堤技師は、紫外線が弱点であるのと、血液を好むことを指摘する。そして、回転を思いつくのは、英一が回転椅子を回したことによってだった。ホテルの回転ラウンジを利用するのは映画と同じだが、献血された「全国何百万人の血液と人工血液」を使用するとして、血液の入手方法に関して合理的な説明がなされていた。

ギャオスがおびき出されて回転に目を回し始めると、金丸老人が登場して、すみ子の復讐だとして槍で目を突くのである。回転ラウンジが焼け付いてしまい、ギャオスが逃げて作戦が失敗すると、金丸老人は転落してしまう。瀕死の状態で、堤技師にギャオスに復讐してくれと頼み、さらにもみじ山に火を点けてガメラを呼べば、高速道路建設の準備になるだろうと遺言を残すのだ。そして山火事が起こされると、ガメラがやってきて、ギャオスを倒すのである。堤技師は完成の暁には「金丸道路」と名づけると約束するのである。

中沢版は、ギャオスによりすみ子、金丸老人と犠牲者が出たが、ガメラが英一の怨念を晴らしてくれたという筋になっている。しかも堤技師は「金丸道路」という名前を冠するとまで約束するのだ。この漫画を読んでから映画を観た読者は、あまりの違いに違和感を覚えたかもしれない。登場人物を減らすことで、ガメラとギャオスの戦いに焦点を当てただけでなく、復讐の物語に読み替えてしまった。子ども向けのはずだが、中沢は湯浅監督のものとは別の『大怪獣空中戦　ガメラ対ギャオス』を描いてみせたのである。

4　昭和三部作の特徴

【怪獣映画としての差別化】

『大怪獣ガメラ』『大怪獣決闘　ガメラ対バルゴン』『大怪獣空中戦　ガメラ対ギャオス』は、三部作を形成している。昭和シリーズ全体を湯浅監督の成果として第3章で検討する前に、ひとまずこの三部作についての特徴を改めてあぶり出してみよう。何よりも後続として、東宝怪獣映画や特撮作品を意識しながら模倣し、それを乗り越えようとしたのは間違いない。

三部作によって、東京、京阪神、中京名古屋の三大地区を怪獣が襲うことになった。興行の上でも、日本の主要都市を舞台にしたことで、ガメラ映画の広がりを作り出したのだ。だが、ゴジラの場合とは異なり、各地方を襲ってまわるという方向を三部作以降のガメラの続編はとらなかった。精緻な都市のミニチュアを作る手間を省いたのは、予算が三分の一に減ってしまったためである。それだけに、三部作の画面には勢いや余裕が感じられるのである。

太古の眠りから覚めるのが、怪獣映画の王道パターンであるが、それを踏襲して、ガメラ、バルゴン、ギャオスは目覚めていく。それぞれに単独怪獣の資格もありそうだが、続篇はあくまでもガメラと他の怪獣の対決話となっていく。『キングコング対ゴジラ』以来の怪獣対決ものは、日本でも定式化した。だが、元祖の『キング・コング』で、すでにコングと恐竜たちとの対決があったように、中心の見世物となるのは間違いない。ガメラもその伝統に則っただけといえる。

ただし、大映怪獣特撮が東宝怪獣特撮と大きく違うのは、「マッドサイエンティスト」にあたる科学者が登場しないことである。初代『ゴジラ』でオキシジェン・デストロイヤーを発明した芹沢博士は言うまでもなく、「フランケンシュタイン・テーマ」を取り込んだ東宝作品群は、苦悩したり狂気に陥る科学者を登場させた。それが、大人向けの要素を多分にもった内容となっている。変身人間シリーズも、『ガス人間第一号』の実験の犠牲者であるガス人間の水野も、実験体を殺してきた佐野博士というマッドサイエンティストによって、変化させられたのだ。フランケンシュタイン博士と怪物、つまりマッドサイエンティストとその犠牲者の苦悩がテーマとしてずっとある。この点を切通理作は本多猪四郎の戦争体験や原爆投下後の広島を見たことにあるとみなす（『本多猪四

郎　無冠の巨匠』)。

それに対して大映では、科学者たちは、警察や軍隊（自衛隊）や政治家と同じく、社会的な機能であり助言をするだけだった。科学力をめぐっての葛藤や苦悩は描かれない。三部作を通じて顔を見せた俳優に北原義郎がいる。一時期は大映の二枚目スターだったのだが、この頃は脇役専門となり、のちにテレビの悪役などで活躍した（中島賢『スタアのいた季節』)。『大怪獣ガメラ』では灯台守をやっている俊夫の父親だった。『大怪獣決闘　ガメラ対バルゴン』では天野教授、そして『大怪獣空中戦　ガメラ対ギャオス』では青木教授を演じている。彼が演じた科学者は、科学への苦悩を抱えているようには見えない。バルゴンのときは「ルビー殺人光線」を開発中であるとにべもなく言うし、科学による解決を素朴に信じている。

また、怪獣の流血の扱いもずいぶんと異なる。東宝特撮は、円谷英二のポリシーもあり、流血シーンがほとんどなかった。『ウルトラマン』などにおいて、怪獣が三つに輪切りにされても、竹輪を切ったように処理される（たとえば「怪彗星ツイフォン」での二代目レッドキングの場合)。それが、「子どもっぽい」と怪獣ものが見下された理由ともなるのだ。闘争の場面で流血描写を避けるのは、東映などの時代劇のように、刀をあてるだけで切られたという芝居からきた殺陣の約束事を守っているかのようである。

ところが、ファンタジーを自認しながら、大映のガメラでは流血そのものは忌避されていない。バルゴンは神戸港で水に触れて紫色の血を流す。また、ガメラがギャオスの超音波に傷つき、ギャオスからも血が流れるし、ガメラに足を食いちぎられる描写がある。とりわけ、ギャオスは吸血怪獣だったので、怪獣における血の問題を避けることはできなかった。

ただし、真紅の血は人間を連想させるので、紫や青といった目立たないものになっているが、東宝の特撮怪獣ものと違い、流血により怪獣の動物性を強く意識させるものとなっている。もっとも、『メカゴジラ』など昭和ゴジラシリーズの後半にゴジラの流血シーンなどがあるのだが、それはガメラからの影響ではないかと湯浅監督は推測している（『ガメラ創世記』）。怪獣映画の応答関係が表現を広げた例として興味深い。それは、マンガ雑誌も含めて残酷表現が受け入れられつつあったためでもある。そして、湯浅監督は、怪獣映画とは「見世物小屋のろくろ首」と断定する（『ガメラから大魔神まで』）。ガメラやギャオスが見せる血糊は、見世物小屋の客寄せの手段の一つと同じと考えられていたのだ。そのため、ガメラは平成に至るまで、緑の血をたくさん流すのである。子どもの観客に対する唯一の節度が血の色だけだったのだ。

【姉と弟の大映】

子ども向け、あるいは子どもも観るからこそ、怪獣特撮映画にどのような家族像を持ち込むのかは、それぞれの作品にとって大きな課題となる。ガメラ三部作では、姉と弟の家族が採用されていた。ところが、ゴジラシリーズでは、初代ゴジラでの古生物学者の山根博士と娘の恵美子以来、父と娘との関係が家族像の基本となる。家族像の違いは、作品の印象をかなり変えてしまうのだ。

怪獣特撮作品において、怪獣と主人公たちとの関係に「孤独」や「疎外感」の描写が含まれているのは、物語の常套手段とはいえ、特筆すべきだろう。その孤独を科学者などの大人ではなくて、子どもに置いたのがガメラ映画の特徴となる。しかも、姉と弟が目につくのである。

『大怪獣ガメラ』では、灯台守の父親と姉と亀マニアの弟だった。『大怪獣決闘　ガメラ対バルゴン』ではそもそも子どもが登場しない。強いて言えば、平田兄弟だろうが、二人は大人であり、兄は結婚もしている。そして、『大怪獣空中戦　ガメラ対ギャオス』で出てくるのは、祖父と姉と弟である。両親に関してはなんの言及もなく、婆やがいるので生活は自足しているのだが、英一がガメラへと傾倒するのに、両親の不在という背景があることがうかがえる。

東宝と大映の違いは、母親が不在の代わりに家事を担うのが、娘なのか、それとも姉なのかという選択となるのだ。大映は、市川崑監督が岸恵子と川口浩のコンビを使って完成させた、幸田文の小説を原作とした『おとうと』を一九六〇年に公開した。キネ旬一位を獲得した作品で、しっかり者の姉と、だらしない弟の物語である。そのパターンが昭和ガメラの第一作と第三作で生きている。そして第四作の『ガメラ対宇宙怪獣バイラス』でも主人公の正夫は姉のマリ子と時計型トランシーバーで連絡をとりあうのだ。

これは、それぞれの映画会社が売り出したい女優をどのポジションで使うのか、という営業上の作戦でもある。東宝は山根恵美子を河内桃子が演じて以来、若手女優を娘役として扱おうとしてきた。それに対して、大映のガメラ映画では、新人を姉役として配したのだ。その違いは、怪獣に家族や繁殖の問題をどのように投影するのかともつながっている。

ゴジラにいきなり息子を作ったように、怪獣側の家族像によって、人間側の家族像も変化していくのである。その点ガメラは『小さき勇者たち～ガメラ～』まで単独のままである。それはモデルとなったミドリガメやワニガメが、あくまでもアメリカで誕生と飼育が管理されていて、その誕生のプロセスが見えにくく、日本には輸入されるだけの外来種だったせいかもしれない。

次の章では、三部作のあとで、昭和ガメラシリーズが、どのような試行錯誤をしながら、映画にまつわる悪条件と苦闘したのかを見ていこう。

（★1）ベーリング海峡を挟んだ米ソの対立が激しくなったのが冷戦期である。アラスカがロシアからアメリカへと売却されたのが一八六七年で、準州（一九一二）、州（一九五九）となった。冷戦期のベーリング海峡を巡る想像力として、ロシア系の二人のアメリカ文学者のアレン・ギンズバーグの『カディッシュ』がベーリング海への旅を描き、ウラディミール・ナボコフの『ロリータ』のカナダの西海岸やアラスカへの言及からウラン鉱脈の話とつながるという指摘もある（アダム・ピエティ『文学の冷戦』）。

（★2）ギンズバーグに影響を受けたビート世代の詩人ゲーリー・スナイダーはピュリッツァー賞を受賞した詩集『亀の島』（一九七四）の序文で次のように述べている。「亀の島とは、この大陸の古くて新しい名前であり、ここで千年もの間暮らしてきた人たちの創世神話に基づき、近年では一部の者により再び「北米」を指す語とみなされている。また、世界中で見い出される考えでは、地球や宇宙さえも、巨大な亀か、永遠の蛇に支えられている」。

（★3）ゴジラの名を口にした高堂国典が、黒澤明の『七人の侍』で、侍をやとって野盗と戦うことを決める村の長老だったことは指摘される。一方、ガメラのほうは、東映で小悪党を演じてきた吉田義夫が口にした。吉田はテレビの実写版の『悪魔くん』（一九六六）の初代メフィストを演じたが、事情から途中で降板している。フリーの立場で大映にも東宝にも顔を出していて、他に『ガメラ対深海怪獣ジグラ』にも、『ゴジラ対ヘドラ』にも出演しているので、ガメラとゴジラにまたがって出演した俳優でもある。

第2章　昭和シリーズ後半の戦い

1　『ガメラ対宇宙怪獣バイラス』と宇宙志向

【宇宙への志向】

第四作の『ガメラ対宇宙怪獣バイラス』は、一九六八年三月に公開された。タイトルに「宇宙怪獣」と付いて宇宙志向が明らかになっている。第一作の『大怪獣ガメラ』では、Ｚプランにより、ガメラを火星ロケットに乗せて打ち上げたが、火星に到達する前に隕石に衝突して地球へと戻ってきてしまった。ガメラが宇宙を生存圏としているのかは不明だったが、そうした疑問はなくなり、宇宙空間もガメラの行動範囲となった。

三部作の後でガメラがリセットされたときに、舞台として宇宙が選択されたのは、何よりも月を目指すアポロ計画が最終段階に入っていたことが大きい。六七年には、訓練中の事故で三名が亡くなったが、その後、六八年にかけて、無人のアポロ4、5、6号が続けて地球周回に成功し、次に有人のアポロ7号は地球を、そしてアポロ8号は月を周回してきた。数ヶ月に一度は、ロケットの打ち上げがニュースとなる時代だったのだ。ソ連のソユーズ計画は、六七年の着陸事故失敗依頼停滞していた。

それに、宇宙が舞台になると、現実の制約がないので、東京や大阪の街並みを再現するといった手間のかかるミニチュアがいらない。そして、プロデューサーの仲野和正たちが若くて、企画の方向性も、それ以前の斉藤米二郎とは、「冒険ダン吉とアイザック・アシモフくらいの差がある」と湯浅監督は指摘している（『ガメラ創世記』）。

映画の冒頭で、バイラス星人の宇宙船が、漆黒の宇宙空間を飛んでくる。それは五つの球体をつなげた形をしている。そして、レーダーで察知した地球を植民地にするために攻撃をする、という決定がくだされる。流れるのは声だけなので、どうやらコンピューターが命じているように受け取れる。「バイラス星人の生息に必要不可欠な窒素を多量に含んでいる」のでここが最適な場所だ、として地球を奪おうと考えるのだ。

ところが、そこにガメラが飛んできて、バイラス星人の敵と認識される。そして「ジェット噴射を消せ」という命令に、宇宙船は消火剤を噴出する。推進力を消されて怒ったガメラが、球体の一つを破壊し、それを切り離して逃げ出した宇宙船に炎を浴びせる。第一号機は、地球にガメラがいるという警告を残し、炎に焼き尽くされて消滅してしまう。これ以降登場したのは第二号機であり、ガメラの存在を知った上で行動をとっている。

このバイラス星人の宇宙船はユニークな姿をしていた。スズメバチかトラを思わせる黒と黄色の縞模様の球体が、五つ結ばれたデザインが印象的である。ガメラ映画のなかでも屈指の特徴をもつ。当時の映画や漫画に登場する宇宙船の造形の多くが、サターン五型のような多段式ロケットの円筒形、UFOのような円盤型、そして三角翼の鋭角型などだったのに対して、意表を突くデザインがとられていた。

宇宙船の内部も余計な装置はほとんどなく、壁に三角形を組み合わせた発光パネルがあるだけだった。点滅するパネルも碁盤のような四角や丸を基本とした従来のデザインとは異なり、三角形を組み合わせた蜂の巣型の六角形が基本で、配置が幾何学的な新しさを生み出していた。しかも部屋ごとにパネルの色を変えたことで、部屋ごとに機能が変更されているように観客は錯覚する。湯浅監督は、かつて助監督としてついた衣笠貞之助監督から学んだ、スタジオの家具の配置を変えるだけで別室のように見せる手法を応用したのだ。衣笠監督が戦前の予算が少ない時代に生み出した苦し紛れの方法だった（『ガメラ創世記』）。

期せずして、この宇宙船は同じ六八年に公開されたスタンリー・キューブリック監督の『２００１年宇宙の旅』の宇宙船に近づいていた。木星に向かって宇宙を進む精子を模したともされるディスカバリー号の居住空間は球体で、作業用ポッドも球体だった。また、コンピューターといえば、磁気テープの回転や四角いパネルの点滅が表現として定着していたが、壁面の監視用のカメラがまるでコンピューターのＨＡＬの赤い目に見えた。しかも、文字入力ではなくて、音声だけのやりとりで、宇宙船の操縦から、機械の移動、さらには地球からのビデオレターの再生も指示できる。ＮＡＳＡの予測に基づき、将来の機械操作のインターフェイスが変わるのを反映していた。『２００１年宇宙の旅』の原作者であるアーサー・Ｃ・クラークが提唱した「十分に発達した科学技術は、魔法と見分けがつかない」という法則を体現している。そして音声による指示や入力は、現在スマホやスマートスピーカーによって日常的なものになった。

バイラス星人の宇宙船の第一号機の若山弦蔵による音声は、天井からぶら下がり点滅するコンピューターからの指示らしく、乗組員は登場しなかった。どうやらバイラス星人も人工冬眠でもする設定のようだ。第二号機に少年たちが捉えられたとき、バイラス星人が五人姿を見せる。捕虜となった少年たちは、音声で指示をして食べ物を出してもらうのだが、その相手はコンピューターなのである。だが、こうした斬新な宇宙船のデザインは続かず、次の『ガメラ対大悪獣ギロン』では第十惑星から飛来する円盤型の宇宙船が登場し、第七作目の『ガメラ対深海怪獣ジグラ』でもジグラ星からやってくるのは円盤だった。

三部作のあとで、ガメラシリーズが、宇宙志向へと転じた理由は時代の潮流だけではない。じつは予算の関係でもある。ガメラ映画は社長の永田雅一の肝いりの企画ではなくなり、三分の一に予算が削減された。今までは特A級作品という指定だったが、通常の作品となったのである。そこで特撮に予算を回すために、本編ドラマのセットでの撮影を減らし、さらに野外ロケに頼ることになる。湯浅監督が助監督としてついたことのある清水宏監督の屋外好きの流儀に倣ったのかもしれない。

第四作の主な舞台となるのは、茅ヶ崎のボーイスカウトキャンプ場と、バイラス星人の宇宙船のなかのセットである。しかも宇宙船は、スタジオの壁にパネルを貼っただけで、余計な家具や装置がほとんどない。スクリーンに映し出されるのも、過去映像の使い回しである。現行版では、ガメラの弱点を知るという口実で、三部作でのガメラが戦う場面が十分間ほど入っている。海外版はさらに会社によって水増しされ、倍の長さの過去映像を利用していた。もともと七二分の上映時間を、海外との契約で、九十分にまで全体の長さを増やす必要があったのだ。

こうした過去映像の再利用も、制作費を浮かすための方便だった。同じような事情で、東宝の『ゴジラ・ミニラ・ガバラ　オール怪獣大進撃』（一九六九）も、過去映像を使いまわしたことで知られる。東宝も外部資金を獲得する目的で、鳴り物入りで日米合作をした『緯度０大作戦』が興行的に失敗してしまった。しかも撮影続行のために倒産しかけた相手の会社の負担部分も背負ったので、予算に大穴を開けてしまった。そのため、自前でゴジラシリーズを続行するには資金不足となり、節約のためにも過去映像を再利用することになったのだ。

ただし、現在では否定的な評価を与えられがちな過去映像の再利用に関して、少し違う視点もありえる。当時はガメラをはじめ怪獣映画の新作を観ることができるのは、年に一回だけだった。雑誌などに掲載された写真や図解はあっても、ビデオなどで旧作を見直すことは不可能だった（ソニーのベータマックスは一九七五年に発売され、ビクターのＶＨＳの登場は翌年である）。つまり、旧作映画を観ることができるのは、二番館以下の再映専門の映画館か、テレビ放映しかなかった。こうした時代には、回想シーンそのものが全く無意味だったわけではない。その場面が過去の作品を思い出すきっかけにもなり得たからだ。今回の『ガメラ対宇宙怪獣バイラス』は、ガメラが活躍する新しく撮影した部分が加えられていて、ガメラが戦う新旧の場面を観ることができて、ある意味で贅沢な作品ともいえたのだ。

【子ども中心の映画へ】

この映画から、子どもが本格的に主人公となったのは、湯浅監督の方針である。「ストーリィはさらに子どもを中心とする」（『ガメラ創世記』）ことになった。それまで子どもはガメラと以心伝心であっても、大人にヒントを与える助言者の役割しかなかった。ところが、今回の正夫とジムの二人は、日米のボーイスカウト少年で行動的である。本郷功次郎が前作に続いて出てはいるが、ボーイスカウトのリーダー役で、ほとんど活躍せずに終わる。出番が少ないのは、出演料の高い俳優なので、予算の関係で制限した事情もあったのかもしれない。他には子役と素人、それから三人の新人女優をもってきた（その一人が渥美マリで、のちに湯浅監督は『裸でだっこ』などの主演作を撮ることになる）。

ボーイスカウトの一団は、茅ヶ崎の浜辺にある国際海洋研究所の敷地でキャンプをおこなっている。そして、研究所が所有する小型潜水艇を見せてもらうことになっていた。だが、正夫とジムは抜け出して、先に乗り込んで、潜水艦の機能にいたずらをしてしまう。その結果大人たちが操縦に失敗すると、自分たちのほうが上手いと主張して乗り込み、海の底を探検する。そして、ガメラと出会うのである。

前作の『大怪獣空中戦　ガメラ対ギャオス』とは公開が一年違いなのだが、富士山麓の貧しい山村で暮らす英一とは異なり、出てきた正夫をはじめ子どもたちは都会的である。英一の野球帽がどこかシワくちゃで生活臭が感じられたのに対して、正夫の中折れ帽のハットも、ジムのアメリカ式のギャリソンキャップ（舟形帽）も、アイロンがかかっているようにピンとしている。いかにもボーイスカウトの正装というスタイルなのである。

子どもたちが学校の制服ではなくて、ボーイスカウトの制服姿だったり、夏休みのキャンプをおこなっていること自体が、貧しくて補償金を高く釣り上げようと画策する山村の住民とは異なり、都会の中流階級の余裕を感じさせるのだ。英一も村長の孫らしく、パトカーや拳銃などのおもちゃを持っているが、かなりの違いがある。正夫は姉と時計型のトランシーバーで連絡をとり、ジムは自分のカメラをもっていてガメラを撮影する。どれもが、当時の少年雑誌などに登場する子どもの願望や憧れを具現化にしていた。

現在ならスマホで代用できるカメラやトランシーバーだが、当時の子どもたちにはスパイの道具にも見えたはずだ。怪獣が色々と隠し武器をもっているのは、『スパイ大作戦』がヒントになったと湯浅監督は証言している。ガメラの足が引っ込んでジェット推進に入れ替わる事自体も、００７以来のそうしたスパイ道具につながっている。アメリカのテレビ番組の『スパイ大作戦』は、日本では一九六七年から放送されたが、その歴代のリーダーの声を吹き替えたのが、バイラス星人の宇宙船の声を演じた若山弦蔵だった。この声の重ね合わせはかなり意図的な起用に思える。

正夫の姉のマリ子は指導員として参加しているので、しっかり者の姉と、言いつけを守らない弟という図式は保たれていた。しかも、第一作の『大怪獣ガメラ』と同じく、北原義郎が二人の父親役で出てくるので、そのまま灯台守の一家にも似ている。けれども、亀マニアの俊夫と違い、今回の正夫は、ガメラのファンではあるが、「機械いじりの天才」という設定となっている。

亀を観察する自然科学よりも、宇宙時代の技術への関心だろうか。とはいえ、正夫の天才ぶりは、実際には、小型潜水艦の制御装置のプラスとマイナスをあべこべにして前進と後進を逆転させたり、その応用からバイラス星人の宇宙船のガメラの脳波コントロール装置を逆転させることである。「機械いじり」とは、どうやら機械を破壊する「いたずら」でしかないが、彼らの活躍で、ガメラをコントロールして世界を破壊しようとしたバイラス星人の野望は潰える。

正夫とジムが活躍する際に、ボーイスカウトという設定がうまく使われている。ボーイスカウトとタイアップできたのは、社長の永田雅一が日本ボーイスカウト連盟の顧問をしていたからだ（ボーイスカウト出身の著名人は多数いるが、現役政治家では、麻生太郎や河野太郎が知られる）。しかも、ボーイスカウトの記録映画として「第四回日本ジャンボリー」を撮ったことがあり、その体験や人的つながりが生かされた、と湯浅監督は証言している（『ガメラ創世記』）。

ボーイスカウトの「スカウト」が、敵を偵察する「斥候」の意味をもつように、イギリスのベーデン＝パウエルが、十九世紀末の南アフリカを舞台にしたボーア戦争で、自国の兵士が弱体だったのに発奮して、少年たちを戦時の斥候などの役目に付かせるようにと訓練をした（田中治彦『ボーイスカウト』）。だから、本来は軍事用語である「野営（キャンプ）」もスカウトの重要な活動であった。実際、ラドヤード・キップリングのインドを舞台にした少年スパイ物である『キム』（一九〇一）はボーイスカウトのモデル小説ともされる。そして、スカウトの交流をしめす「ジャンボリー」も、スワヒリ語の「ジャンボ」に由来する説がいちばん妥当なようで、南アフリカ起源とされる。そうした逸話にもボーイスカウトの歴史を感じさせる。

ただし、アメリカのボーイスカウトは、本家とは異なる道をたどった。動物小説で有名なアーネスト・シートンがアメリカ側の代表となり、ネイティヴ・アメリカンの野外生活をスカウト活動に取り入れた。その目的は、野外で生き延びるための知恵を伝授することと、キャンプを通じて、中産階級の子どもたちにリーダーシップを学ばせることだった（スティーヴン・ミンツ『ハックの筏』）。その流れが日本にも入ってきたのだ。

そして、正夫の悪友のジムはアメリカ人なので、投げ縄が得意という設定もうまくはまり、日米の共同チームが問題の解決をはかることになる。しかも、正夫は機械オタクの日本少年という像の先駆けともなっている。第四作目からの「外人」の子どもとのペアは、配給会社の指示とされ、アメリカなどの海外マーケットが意識されていた。それと同時に、七〇年安保の再延長に向かう時代に、ボーイスカウトという国際的な団体を題材にしたことで、日米の少年たちの関係に別の広がりを見せたのである。

【二者択一と人類の存亡】

バイラス星人は、ガメラが飛ぶのを浜辺で追いかけた正夫とジムを宇宙船に誘拐した。そして、脳波翻訳機を通じて、ガメラに「二人の少年は人質にした」「お前が我が宇宙船を攻撃するなら、二人の少年の命はない」と脅迫する。ガメラが攻撃をひるむと、脳波コントロール装置が打ち込まれ、指令によって世界各地を襲うようになった。ガメラはまさに正義にも悪にもなりえる存在として扱われるのだ。

宇宙船の内部では、テレパシー実現装置でさまざまなものが登場する。正夫とジムが願うとジュースでもサンドイッチでもなんでも出てくるのだが、セイフティ装置が働いていて、武器は出てこない。ナイフを手に入れようとするが、果物はていねいに皮を剥いた状態で提供される。そこで、正夫たちは、別の手段で破壊活動をしようとするのである。

その間にバイラス星人はさらに要求をアップし、地球人類の全面降伏を求める。人質になった子ども二人の命と全人類の運命を天秤にかける話になる。宇宙船を攻撃出来ないと考える自衛隊の司令官は、正夫とジムの肉親の前で、「宇宙人の要求を飲んで地球全人類が降伏する道」と「地球全人類を救うために正夫くんとジムくんを犠牲にして宇宙船を攻撃する道」の二者択一だと断言する。

日本政府では判断しかねるので、国連に判断を仰ぐと、自分たちが犠牲となることを受け入れた子どもたちの思惑とは異なり、全面降伏を選んでしまう。このあたりが悪評を招くところである。

「たったふたりの子どものために、関係ない人間までバイラスの奴隷にならなきゃならんのか?」と『ガメラ完全化読本』は疑問を述べる。こうした批判が生まれるのも、大人の視点に立てば、子どもの命を引き換えに全面降伏するのは腹立たしい決定にみえるからだ。

けれども、今回のガメラ映画は、『トム・ソーヤーの冒険』のような少年冒険物語なのであり、物語内の出来事をすべて現実還元して判断するのには無理がある。たとえばガメラのような怪獣やその能力や行動を、生物学的あるいは物理学的にありえないと説明してもそれほど意味はない。人間の子どもとして生まれたピーター・パンが空を飛ぶ能力をもつことはありえない、と実証したところで物語にとっては無意味である。柳田理科雄による『空想科学読本』(一九九六)以来の一連の仕事のように、怪獣特撮を物理法則を無視したフィクションだと批判しても、途方もない設定はあくまでも物語の口実に過ぎないことが明らかになるだけである。

設定がおかしいのは物理法則だけでなく、物語内に描かれたり、それを支える社会や政治の側面も同じなのである。子ども向けという枠組みで、ガメラ映画は社会の組織や対応が単純化されている。だいいち、首相も内閣も議会も登場しない。ゴジラ映画における天皇の不在や皇居の忌避どころの話ではない。なにしろアメリカ軍に日本に核を投下してもらうかどうかを、現場の自衛隊の指揮官が判断したり、子どもの要請で中止したりするのだ(『大怪獣ガメラ』)。文民コントロールも日米安保体制も無視しているので、現実の日本を舞台にしているとは到底言えないのである。現在では多くの物語が精緻な「世界観」や「設定」に重きをおくようになったので、ますます整合性が問題となっている。だが、昭和の頃はもっと素朴だったのも確かである。

しかも、「善玉=ガメラ」と「悪玉=バイラス星人」とに分けているのも、いかにも単純である。

こうした勧善懲悪とすぐに連動するのは、「子ども＝善玉」と「大人＝悪玉」という素朴な分類である。平成になって、特撮やアニメの子ども向け番組で、勧善懲悪の倫理が描かれることなど、ほぼなくなった。そうした視点から判断するなら、ガメラ映画の昭和シリーズに、「子どもだまし」の単純さを感じ取っても不思議ではない。こうした単純な善悪観は、当時であっても、小学校の高学年にもなれば忌避しただろうが、現在は低学年であっても通用しない内容と言えるかもしれない。

ただし、こうした単純化を通じてこそ、自分たちの社会が抱く「常識」や「欠陥」があぶり出されてくるのだ。それもまたファンタジーの功徳なのである。正夫たちが「攻撃してくれ」と求めるのに、国連が人類の降伏を決定するのは、人道的な見地からだろう。それは、宇宙船内の正夫とジムが活躍して、ガメラをバイラス星人のコントロールから解放する筋の流れのための口実でもある。しかも正夫たちがおこなった小型潜水艇へのいたずらが叱られるのではなく、リーダーは何とかしてコントロール装置を逆転させろと指示した。この命令体制に、軍服にも似たボーイスカウトの制服姿がぴたりとはまるのである。

解放されたガメラが最終的にバイラス星人を倒して地球を救うにしても、その前に人類が「子どもの命」か「人類の降伏」か、という二者択一を迫られる設定は、現実社会の一種のシミュレーションにもなっていた。その後、一九七〇年のよど号ハイジャック事件や一九七七年のダッカ日航機ハイジャック事件などの人質事件で、日本政府が犯人側と交渉したとき、似たようなジレンマを抱えたのである。犯人の要求を飲むわけにもいかず、かといって、人質を見殺しにもできない。どちらも政治的に誰かが傷がつくのである。それこそがハイジャック犯の狙いでもあった。

とりわけ、ダッカのときに、当時の福田赳夫首相が「一人の生命は地球より重い」として、ハイジャック犯の要求を全面的に受け入れ、超法規的措置をとって仲間を釈放し、解決したのは印象深い。これはバイラス星人に国連本部が下した結論と同じである。そうした現実から考えても、『ガメラ対宇宙怪獣バイラス』における国連の判断を単純に笑うことは出来ない。そして、子どもたちが覚悟を決めて内部から破壊して、人類が破滅する事態を避けるという主張は、たとえば宮崎駿の『未来少年コナン』（一九七八）で、世界を滅ぼす最終兵器であるギガントを、内部から破壊したのにも通じる（これもまた『トム・ソーヤーの冒険』の書き直し作品であった）。それとても、途中で落下してコナンたちが助かるという救済策を出さなければ、視聴者とりわけ保護者から抗議の声があがっただろう。

【水棲怪獣バイラス】

タイトルには「宇宙怪獣」とあるのだが、ガメラとバイラス星人は宇宙空間では戦わない。バイラス星人はイカ・タコ型の水棲怪獣だった。クトゥルフ神話でもおなじみの軟体動物系の怪獣だが、大映としても、今までにないタイプの怪獣で、素材からすべてにわたって新しい挑戦でもあった。それが、銀色のように光る肌とともに、独特の印象を与えるのだ。

正夫たちが檻に囚われている捕虜のように見えたバイラス星人のボスが、五人の部下たちの命を吸収して巨大化する。ボスが首を切り落とすと、中からそっくりなバイラス星人たちが姿を現す。それまでも、目が光ったり、移動には宙を滑空したりという特技があったが、じつは捕えられた人間たちを宇宙服のように着込んでいた、と正夫が解説してくれる。こうしてすべてを言葉で説明するのも、湯浅演出の特徴である。怪獣が最初から巨大なのではなくて、巨大化するというのは、この頃の一つの流れでもあった。

バイラス星人は、軟体動物を模した怪獣だが、ヤリイカのようになった先端部が硬い岩でも貫いてしまう。また、傍目にはバイラス星人の上にガメラがのしかかりながら、サーフィンでもしているような場面がある。軽快な主題歌のメロディが背後に流れるのだが、勢いのまま陸上に投げ飛ばされる。そして仰向けになったガメラの腹にヤリイカの先端のようなバイラス星人の頭が突き刺さる。ここは流血シーンであり、繰り返されることでかなり残虐に思える。もちろん、血の色を青くして、凄惨さは薄められている。ガメラは正夫たちに励まされ、ジェット噴射で大気圏の上層まで上がっていき、外気によってバイラス星人を冷凍化してしまう。そして、上から海へと落とすことで粉微塵にして破壊するのである。その後ガメラは空に去っていった。

皮肉なことに、低予算で作られ、過去の映像の使い回したにもかかわらず、ヒットして続編の製作が決定したのである。湯浅監督のままで続投だった。大映では、シリーズ物の場合には、ローテーションで監督が入れ替わっていく。大魔神三部作も監督がすべて異なるし、座頭市や眠狂四郎でも同じだった。監督はあくまでも会社の企画を映像化する職人とされ、業務命令に逆らえない立場の弱さもあった。けれども、監督ごとの味つけが違うので、結果として作品の色合いが多様になり、シリーズのマンネリ化を防ぐ方便ともなっていたのである。

ガメラの場合は、脚本高橋二三と監督湯浅憲明のコンビはずっと続いたので、良くも悪くも宇宙志向と子ども向けの内容がさらに追求されることになる。このように新しく見いだされた要素を「分節化」していくことで、シリーズの可能性は広がるが、同時にマンネリ化して隘路に陥る危険も抱えていたのだ。

2 『ガメラ対大悪獣ギロン』と反地球

【第十惑星の存在】

『ガメラ対大悪獣ギロン』は一九六九年三月に公開され、いきなり、冒頭に星空や渦状星雲の姿が次々と浮かび上がり、星が爆発してガスになりまた星が生まれるとナレーションが入る。そして世界中の電波天文台で、謎の電波が観測される。そして日本の志賀博士が発表したのは、これまでとは違う太陽系内からの電波だった。だが、太陽系内に生命が生存できる可能性はないと、月や火星や金星と次々あげて否定する。アポロ計画の話が出て、最新のアポロの速度で、お隣のプロキシマ・ケンタウリから旅をしてくるには、五十万年かかると志賀博士は語る。つまり、電波の出処がわからないというのが結論だった。

実際の主人公となるのは明夫とトムのコンビ。そして明夫の妹の友子をくわえた三人組だった（出演者の紹介では、わざわざ「君」や「ちゃん」がついている）。明夫とトムは、謎の電波の新聞記事に刺激されて、家のベランダに置かれた望遠鏡で天体観測をしていた。そして、円盤らしきものが家の裏に降りるのを目撃する。すぐにも出かけようとするが、夢物語として片づける母親に止められて、翌朝自転車で出かける。だが、交番の警察官に二人乗りを咎められる。郊外の住宅地に住む子どもたちで、前回の『ガメラ対宇宙怪獣バイラス』の子どもたちの自宅が紹介されたようなものだ。明夫とトムの母親は出てくるが、父親が登場しないのは、都心に通勤でもしているせいだろう。

こうした円盤が、郊外の家の裏に着陸するという導入は、冷戦の緊張が高まった五〇年代にアメリカで数多く作られた宇宙からの侵略物のパターンである。たとえば、『来るべき世界』などで知られるウィリアム・キャメロン・メンジース監督の『惑星アドベンチャー　スペース・モンスター襲来！』（一九五三）も、少年が円盤の着陸を目撃するし、じつは少年の父親が火星と関係する計画に参加しているという話だった。そのため原題も「火星からの侵入者」というストレートなものになっていた。

エイリアンとの接触にはいくつかの段階があり、存在が認められたあとも、第二種接近が「エイリアンとの接触の物理的証拠」、第三種接近が「エイリアンとの直接の接触」、第四種接近が「エイリアンによる誘拐」となる（プロセロ&キャラハン『UFO、ケムトレイル、エイリアン』）。この拉致誘拐のあとには、改造つまり洗脳がつきまとっている。実際には、こうしたエイリアンの表象は、冷戦時代の国境を超えて侵入してくるスパイやテロリストへの不安の投影だった。

明夫とトムが円盤に乗り込むと、自動的に飛び立って、故郷の星に向かって宇宙空間を進んでいく。こうした空飛ぶ円盤の存在を大人たちは否定する。トムの母親は、円盤に連れ去られたという友子の訴えに「この間アメリカ航空宇宙局でね、正式に発表したのよ。空飛ぶ円盤なんていうのはね、ほとんどが作り話か、目の錯覚なんですって」とにべもなく否定する。この態度は明夫の母親と同じなのだ。

前作の『ガメラ対宇宙怪獣バイラス』のバイラス星人は人質にするための誘拐をしたし、ボーイスカウトたちも含めて宇宙船を目撃している。だが、そうした過去との連続は切れている。それでいながら、ガメラが子どもたちの味方だとして、ガメラが灯台から落ちそうな倹夫を助けたとか、ギャオスに襲われた英一を助けたという過去は映像とともに回想されるのである。このあたりのつながりのいい加減さが、いかにも湯浅演出のガメラ映画なのだ。

この『ガメラ対大悪獣ギロン』の場合は、無人の探査宇宙船に乗り込んだ子どもたちが、地球へ戻そうとするガメラの努力も虚しくどこにたどり着いたのかといえば、太陽系内の第十惑星だった。志賀博士の言うように、謎の電波が太陽系外ではなくて内から届くのは一種の矛盾である。ワープ航法などを登場させて、宇宙を股にかけたスペースオペラのような作品でもない限り太陽系外を舞台にするのは難しい。当時はアポロ計画などの現実の情報が、新聞や雑誌を通じて子どもたちに伝わっていた。明夫とトムの母親たちのような冷笑的な反応を、子どもも共有していたのである。

一九六四年に公開されたゴジラシリーズの第五作『三大怪獣　地球最大の決戦』（一九六四）では、キングギドラが、五千年前に金星の文明を滅ぼした怪獣だ、という設定がまだ有効とされていた。もちろん、金星上に当時の文明の痕跡はなく、逃れてきた金星人が地球人に紛れているという話になっていた。

そして一九六八年の二本のハリウッド発のＳＦ映画も、この点に苦慮していた。『２００１年宇宙の旅』では、月や木星へと向かうのだが、もちろんそこは無人である。さらに太陽系外へと、ボーマン船長が向かったのは、黒いモノリスという転送装置のおかげだった。また『猿の惑星』では、太陽系間の飛行を終えて到達した惑星がじつは地球だったというオチであり、果たして宇宙人がいるのかに関しては不問だった（ピエール・ブールの原作小説では、宇宙空間に漂う人間の記録を読んだのが、恒星間を自由に駆け巡るサルの宇宙飛行士たちだったというオチになっていた）。

ガメラ映画が太陽系内で話を進めるために、第十惑星が設定された。それは、まだ発見されていない地球の双子惑星で、太陽を挟んで正反対の位置にあるので見えない。「テラ」という名で、テラとは大地の意味で本来地球を指すのだが、これは「反地球」のアイデアなのである。軌道上の対称的な位置に、バランスをとるように反地球が存在する、という考えは古代ギリシャからある。現在ではもちろん存在は否定されているが、フィクションにとってはとても都合が良い。

この第十惑星は、手塚治虫の『ロック冒険記』（一九五二―五四）での軌道を外れて第二の月となったディモン星や、テレビ番組の『遊星仮面』（一九六六―六七）での公転軌道上に発見されたピネロン星といった反地球の系譜にある。地球とそっくりだが、別の歴史をたどった世界というのは、並行宇宙論にもつながる。しかも、普段は太陽に隠れてしまって存在が分からない反地球という設定は、地球型の惑星が身近な太陽系内外に存在しない、という科学的な事実と整合性を保ちながら、ファンタジーを展開できるので便利なのだ。

【番犬ギロンと生き残りの宇宙人】

第十惑星を守る番犬怪獣としてギロンがいる。川の下に格納されていて、川の水が引いたら床が割れて飛び出してくる。プールの下に格納されているサンダーバード1号機をどこか連想させるが、あらゆるアイデアを取り込むガメラ映画らしい。ギロンは第十惑星人にコントロールされて動くのだが、ガメラ映画に登場する怪獣のうちでいちばんユニークな姿をしている。巨大なマサカリか出刃包丁のような頭をして（ダイヤモンドの百倍硬いとされる）、ジャンプをすることで相手を斬ることができる。

ギロンはまず、第十惑星にはびこるシルバーの色をした宇宙ギャオスと対決すると、すぐに本領を発揮する。ガメラも苦しめた超音波光線を跳ね返して、宇宙ギャオスの片足を斬り落とす。そのあと、ジャンプすると宇宙ギャオスの両翼をそれぞれ頭で斬り落とす。さらには斬り刻んでギャオスを食べようとしたのだが、不味くて退散するのだ。「残酷」とトムが口にするほどの描写である。

円盤型宇宙船で第十惑星に連れてこられた明夫とトムは、ギロンに驚き、さらに動く歩道や、瞬間移動装置などに驚きながら、第十惑星の生存者である二人の女性フローベラとバーベラと出会うのだ。彼女たちの説明によると、天然現象も人工的にコントロールする高度な文明の段階にあったのだが、電子頭脳のちょっとした狂いが恐ろしい天変地異を引き起こし、コントロールの利かない宇宙ギャオスのような怪獣を生み出してしまったという。多くの者が脱出しようとしたが、その宇宙船が墜落して、残ったのがこの二人なのだ。明夫は、地球に来たら良いと提案する。

だが、修理中の宇宙船は二人乗りなので、子どもたちを連れて行く余裕はない。そのためフローベラは、明夫が携行食料になるかどうかの分析を始める。そして、食べたいものとして明夫の母親が作るドーナツを知ると、それを再現し睡眠薬を入れて眠らせてしまう。しかも、明夫の髪の毛を刈り上げて、むき出しにして脳細胞を食べようとする。だが、ガメラがやってきたせいで中断され、明夫は助かる。第十惑星人たちが宇宙船を修理して地球へ向かう準備をする間に、トムが矢を飛ばすおもちゃのピストルで、コントロール装置をねらったが、間違ってギロンを起動させてしまう。そのためギロンが勝手に暴れまわって、子どもたちが囚われているコントロール基地も壊されて危機に陥った。そのとき、ギロンとの戦いで一時痛み分けとなり、水底で足の傷を癒やしていたガメラがようやく現れる。

ガメラとギロンの対決は宇宙空間でおこなう、という設定もあったようだが、すべて第十惑星上でおこなわれることになった。第十惑星の宇宙大基地は、球体や楕円形の建物と通路が結ばれているのだが、あと四時間ほどで惑星全体が凍りつくとされていた。ガメラは「北極生まれ」なので、寒さに耐性があるのが、この環境で平然と戦える根拠となる。

明夫たちはガメラとギロンの戦いをスクリーン越しに見ている。そのため全体がスポーツ競技の実況中継の雰囲気をもつ。上映時には、まだ一九六八年に開催されたメキシコオリンピックの余波が残っていたのだ。そのため、六九年四月号の『大映グラフ』によると、ガメラとギロンの戦いは「宇宙オリンピック作戦」と名づけられた。

明夫たちが乗り込んで第十惑星に連れてこられた円盤に隕石がぶつかりそうになると、ガメラがやってきて隕石をヘディングする「サッカー作戦」。戦いでガメラがギロンに飛ばされると、鉄骨を使ってくるりと回転して着地をした「段違い平行棒作戦」。これはトムが「９・９５」と点数までつけていた。他にも「ヤリ投げ作戦」や「背面とび作戦」といった名称があり、まさに競技として戦いを見ているのだ。最終的にはガメラによって、ギロンはズタズタに引き裂かれる。そしてギロンの攻撃で真っ二つになった円盤を、ガメラが自分の火で溶接して元にもどし、口にくわえて明夫たちを乗せて無事に地球まで送り届ける。これは水球に似ているので「水球作戦」と呼ばれていたほどだ。

【子どもの嘘と信念】

当時三歳とされる自分の息子が念頭にあったせいなのか、湯浅監督の子どもへの信頼は絶大なものとなった。だが、それは大人たちの常識や考え方と大きくぶつかる。

一つ目は、明夫の妹の友子が、兄とトムが円盤に連れ去られた、と言ったときの母親たちの態度として現れる。友子の母親は信じないし、トムがもう何日か明夫と一緒に居たいと言っていたので、迎えに来たトムの母親から逃げようとしているだけだと勝手に解釈している。さらに、トムの母親も宇宙人は存在しないとＮＡＳＡやアポロの宇宙飛行士も否定していると主張した。それに対して、駐在所の警官であるコンちゃんだけが、友子を全面的に信じると言い切り、トムの母親と対立する場面がある。もちろん映画内の真実としては、友子が正しいことを観客はわかっているが、同時に実社会では理解されないこともわかるのだ。

トムの母親は「子どもが嘘をついたとき、肯定するのは教育上よくない」と述べ、警官のほうは、「友子はいい子に違いないので嘘をつかない」という素朴な子ども観をしめすのだ。これはガメラ映画の前提である虚構をめぐる態度でもある。怪獣など存在しないと言う大人たちに抗弁するのが、友子のような立場である。そして、子どもの言い分を認め、大村崑が熱演する警官のコンちゃんのように、親しみを与える媒介者を必要とするのである（★４）。友子の「嘘」は、ガメラが口に円盤をくわえて地球に戻ってきたことで真実だったと判明する。

二つ目は、地球人の少年たちと、第十惑星人の大人たちとの対立である。明夫は「宇宙のどこかに地球よりも科学が進んだ星があって、そこには戦争などがないはず」という信念をもっていた。自分よりも進歩した文明人と出会うために、望遠鏡で他の天体を探していたのだ。だが、第十惑星の生き残りの二人は、その合理主義から「食人」も平気であり、脳細胞を食べようとして、明夫の髪の毛を丸刈りにしたほどだ。さらにフローベラは怪我をした仲間のバーベラを「役に立たなくなった」として殺してしまう。そして自分だけ逃げようとしたのだが、ギロンによって因果応報的に死んでしまう。彼女が一人きりで、どのように生存し繁殖しようとしたのかは不明である。

こうした結末に失望して、明夫の信念がゆらぐのだ。帰ってきた後で、志賀博士に「地球が最高ですね」と言い、「地球に生まれた僕たちは、よその星に憧れずに、この地球を平和にして、戦争も交通事故もない世界にしていくしかないんだって、考えたんです」と決意表明をする。第十惑星を体験してきた明夫の意見は、『大怪獣ガメラ』で日高教授に「科学者になって、火星にいるガメラに会いに行く」と誓った俊夫とは対照的である。しかも、明夫のセリフが効果的なのは、決意を告げる相手である志賀博士を『大怪獣ガメラ』の日高教授と同じ船越英二が演じているせいである。二作を比べると、亀マニアの俊夫よりも、天文マニアの明夫には、科学技術に対する冷めた態度がある。それは公害などの科学技術が生み出した負の側面が理解される時代になっていたからでもある。

フランケンシュタイン博士の苦悩をモチーフにしている東宝怪獣特撮に比べて、大映怪獣特撮は楽観的な科学観をもつとみなされる。たとえば、モリヒロミによる「どの作品もとにかく全体のトーンが明るく、そして科学技術文明に対する無条件の信頼感がみなぎっている」（『ガメラ最強読本』）という評もある。確かにガメラ映画の科学者たちは批判的ではないし、しばしば現状肯定的な御用学者の雰囲気をもつ。けれども、『ガメラ対大悪獣ギロン』のように、それなりに科学技術批判の要素を取り込んでいた点は指摘しておきたい。すくなくとも主人公にあたる明夫が、宇宙での出来事を体験したせいで内向きの考えをもつようになる転換は注目すべきだろう。しかも、明夫の関心がよその星から地球へ向かうという方向転換は、次作が宇宙テーマから外れることを予告してもいたのだ。

3 『ガメラ対大魔獣ジャイガー』と大阪万博

【世界万国博覧会】

一九七〇年三月公開の第六作『ガメラ対大魔獣ジャイガー』は、前作の宇宙志向の第十惑星から、いきなり身近な大阪万博会場と南太平洋のウエスター島とムー大陸の話となった。しかも、万博の開催期間は三月十四日の開会式からの半年間で、映画が封切りとなったのは一週間遅れの三月二十一日だった。宣伝効果を狙っていたのである。大阪万博と連動して「ガメラを観て万博に行こう」というキャンペーンもおこなわれたぐらいだ（『ガメラ最強読本』）。

宇宙テーマから国内テーマへと向かったのは、妖怪やオカルトへとブームが転換していくなかでの選択でもあった。湯浅監督が望んだ「アイザック・アシモフ」のようなＳＦ色が薄れてしまい、南太平洋の島やムー大陸など「冒険ダン吉」の世界が戻ってきた。ただし、万博映画ということで、『ガメラ対大魔獣ジャイガー』は、建設中の万博会場も撮影されていて、今から見るとドキュメンタリー性もある。前回大阪が登場した『バルゴン』はニューギニアとの因縁だったが、今回も南太平洋の島で、昭和のガメラ映画で大阪が出てくると、南方志向が生じるのである。

タイトルでは過去作の戦うガメラが次々と姿を見せる。そこに主題歌のガメラマーチが流れる。そして、大阪で船舶修理工場を経営している一家の話となる。これは、昭和時代の大阪に、名村造船所や藤永田造船所や大阪造船所など、現役の造船所がいくつもあったことを踏まえている。

主人公の弘の父親は、小型潜水艦の調整作業をしていた。万博会場で子どもを乗せる潜水艦なので、一メートル以下に沈まないように工夫しているのだ。この仕事を依頼してきたのは、弘の姉の恋人である万博職員の沢田だった。沢田は大学で考古学を専攻し、現在は広報部に所属して、弘に現場で万博の意義をあれこれと教えるのだ。これがそのまま万博会場の紹介になっていた。

こうして母親不在の姉と弟の一家という、ガメラ映画でおなじみの人物関係が設定される。とりわけ今回は父親役の大村崑と、姉役の八代順子が大阪弁で親子喧嘩のようにやり合う場面があって、ローカル色を強めていた。姉の恋人や結婚の話が入ってくるのは、ガメラ映画のなかでは珍しい展開である。

南太平洋赤道直下のウエスター島の「悪魔の笛」という石像を、万博の展示物として輸送するのが事件の発端となる。あべこべ主義の高橋二三脚本なので、イースター島ではなくてウエスター島なのだろうが、イースターは東にあるからではなく、島にヨーロッパ人が到着したのが復活祭《イースター》だったから付いたのだ。もっとも、怪獣ジャイガーが目を覚まし復活するのだから、ある意味で適切なネーミングだったのかもしれない。

悪魔の笛の移送は、政府の許可を得ていたにもかかわらず、文化使節が事務局に訪れ、阻止しようとする。広報部として沢田が、スライドを使い、エジプトなど古代の巨石文明とか、太平洋の点在する石像や遺跡とか、ムー大陸といった仮説を紹介して、展示の意義を説明する。だが使節は納得せず、悪魔の笛の画像を目にすると「ジャイガー」という謎の言葉を残して出ていってしまう。こうしてジャイガーの封印が解かれたことが明白となる。

石像の移送の責任者であるウィリアム博士は、弘の友人のトミーとスーザン兄妹の父親だった。ガメラが登場して、移送を実力阻止しようとするが、博士たち大人はガメラを攻撃する。子どもたちはガメラが味方だと信じるが、ガメラの行動に「顔を潰された」と、あとになって弘に抗議する。

弘は首を捻るが、子どもを裏切るガメラの不可解な行動に謎があるというわけだ。

突然火山が噴火して、ガメラはそちらに引き寄せられてしまい、悪魔の笛はぶじ輸送船に積み込まれた。そして、大阪に運ばれてくるのだが、輸送船の乗組員は悪魔の笛の石像のかなでる音に、病気になってしまう。大阪港で荷揚げを担当した作業員や、研究所の所員のなかに、やはり音によって頭がおかしくなった者が出てくる。

この「悪魔の笛」は、横溝正史の『悪魔が来たりて笛を吹く』（一九五一—五三）や、テレビドラマ化された水木しげるの『悪魔くん』のソロモンの笛などに着想を得ているのだろうが、ガメラ映画やゴジラ映画で、音波や超音波が大きな役割を果たすことが何度もある。本来、超音波は人間の耳に聞こえないはずだが、それでは観客にわからないので、ギャオスの場合のように理解できる音がつけられている。今回は人間にも聞こえる「悪魔の笛」の音が人々を狂わせるのだ。

悪魔の笛が地上から取り除かれたせいで、封印が解けて、地中からジャイガーが出現する。そこにガメラがやってきて、最初の戦いとなる。ガメラはジャイガーに投げ飛ばされ、ひっくり返ってしまった。しかもガメラの四本の足に、ジャイガーが放ったトゲが刺さったために、トゲが邪魔をして足を引っ込めてジェット噴射に切り替えることができない。空中に浮上さえできれば、上下を逆さまにして通常の飛行体制に戻れるのに、不可能となってしまった。その間にゆうゆうと、ジャイガーは悪魔の笛を求めて、大阪までやってくるのだ。しかも、水上を時速三百キロのスピードでやってくる。

大阪に到着したジャイガーは、マグネチューム光線という円形の光によって、町も自衛隊の戦車もやっつけてしまう。これはバルゴンの虹にも似ていて、遠くのものを一瞬にして破壊するもので、隊員たちが白骨化してしまうのだ。これはのちにガメラが貧血から透明化したり、レントゲン写真を撮られるのともつながるイメージである。

【太陽の塔とムー大陸の怪獣】

興行的な理由で、ガメラ映画に万博を取り込むなかで、標語である「人類の進歩と調和」の両面が対立する。つまり人類の進歩というモダンなものを志向する思想と、調和という新旧や彼我のものを併存させる思想とがぶつかることになる。それは映画のなかに出てくるアメリカやソ連など各国のパビリオンにも現れていた。

沢田による万博会場の案内で目につくのが、戦後を代表する建築家の丹下健三の設計による万博広場の上にかかる屋根を突き破った、岡本太郎がデザインした太陽の塔だろう。しかも、太陽の塔の内部に「生命の樹」の展示があるという話を、沢田がわざわざパンフレットを見せて弘に説明する。このパビリオンを担当したのが、田中友幸プロデューサーで、造形が円谷英二で、音楽が伊福部昭だった。つまり東宝特撮チームによる成果だった。それを大映映画が紹介するのも、いささか皮肉めいている。

岡本太郎は太陽の塔で名前を残しているが、芸術家としては毀誉褒貶のある人物である。フランス留学中に岡本は人類学的な素養を身に付け、世界各地の土俗性やプリミティヴな文化を評価し、日本ではとりわけ縄文文化に傾倒した。太陽の塔も、仮面や土偶を思わせる構造体として作られている。それが、水平や垂直の直線で形作られたモダンな姿をする建造物と対比されていた。

太陽の塔に屋根を破られた丹下健三は、広島原爆死没者追悼平和祈念館、新旧の東京都庁舎、代々木体育館といった象徴的な建物を手がけてきた。丹下は岡本を高く評価していて、旧東京都庁舎の壁画をわざわざ指名して任せたほどである。万博広場での対立は、いわば「人類の進歩と調和」というテーマのなかでの価値観のぶつかり合いを示していた。

悪魔の笛の移送のとき、ガメラが邪魔したことをトミーとスーザンの兄妹は弘と話し合いながら、「たたり」という言葉を出すと、弘の父と姉は「たたりなんて宇宙時代に合わない」と一笑に付す。大人の側が進歩や変化を肯定し、子どもの側がたたりや過去の因縁に興味をもつのである。前作の『大悪獣ギロン』は宇宙時代の少年たちが第十惑星に出かける話だったが、妖怪やオカルトといった現実から逃避するように見える陰の部分への関心が高まっていた。

沢田の説明でムー大陸の話が出てくるのも、チャーチワードの本の翻訳である『失われたムー大陸』が大陸書房から一九六八年に出版されたせいだ。これがネタ本となり、超古代文明への関心が高まった。一方のガメラとつながるアトランティス大陸も、E・B・アンドレーエヴァの『失われた大陸——アトランティスの謎』の翻訳が一九六三年に岩波新書から出たし、さらに金子史朗が『アトランティス大陸の謎』を一九七三年に講談社現代新書から出した。この時期は超古代文明が真面目に取り上げられていたのである。

そこで、今回の第六作はアトランティス大陸の怪獣ガメラ対ムー大陸の怪獣ジャイガーという組み合わせとなった。こうしたオカルトや超古代文明の知識は、教科書では教えてくれない「裏面史」として、格好のネタを提供し続けたのである。それはあべこべ主義で、「非」科学的な高橋二三の脚本にとっても都合が良かったのだ。

東宝特撮が『海底軍艦』（一九六三）で「ムウ帝国」を取り上げたときには、チャーチワードの戦前の訳が参照されたようで、戦前の愛国心や帝国海軍とのつながりが重視された。こうした戦前とつながる題材はガメラ映画では第二作の『バルゴン』が扱った。ところが、今回の『大魔獣ジャイガー』のムー大陸とつながる悪魔の笛は、ウィルソン博士のような考古学者には、過去の文化的な遺物にすぎない。それに対して、ウエスター島の住民には、悪魔の笛は、怪獣ジャイガーを外に出すのを防ぐという現実的な力をもっている。

こうした遺物とタブーの関係は、アメリカ館の目玉であったアポロ11号が持ち帰った「月の石」とも重なってくる。月の石自体に金属としての実用的な価値はないのだが、わざわざ宇宙空間を運ばれてきたことで一種の神話性を帯びるのだ。また、『２００1年宇宙の旅』に出てきた黒いモノリスは、宇宙人にとっては単なる機械だが、原始人類にとっては崇拝する対象となりえたのと同じである。単なる石やモノリスが、ある文化のなかでは別の価値をもつのは、悪魔の笛と似ているのである。

太陽の塔の岡本太郎がＳＦ作家の小松左京と共同で、万博のテーマ館として、世界の民族の仮面や神像を集めて陳列した。ウエスター島の悪魔の笛をもってくる話も、根拠がないわけではない。そして万博の後で、収集物は国立民族学博物館の所蔵品となったのである。岡本太郎が万博で果たした役割は、太陽の塔の外観をデザインしただけでなく、民族学的な収集を率先しておこなったことにある。その流れで考えると、現地のタブーを破ったせいで襲ってきたジャイガーの物語が、別の意味合いを持つのである。

【ガメラの体内】

『ガメラ対大魔獣ジャイガー』の最大の目玉は、ガメラのレントゲン写真と、小型潜水艦によるガメラの体内探検だろう。

ようやく足のトゲを抜いて日本にやってきたガメラは、大阪城の近くでジャイガーと争った。その際に、ジャイガーの足の裏にある吸盤で固定されてしまい、針のようなもので体を刺される。その後、海に向かってゆっくりとガメラは二足歩行をするのだが、しだいに弱っていき、海岸にたどり着いたところで海に頭を突っ込んで、次第に透明化してしまう。このシークエンスは、歩くガメラを捉えるカメラワークと爆発のタイミングが見事で、菊池俊輔の悲しみに満ちた音楽も画面と合う秀逸なものである。昭和ガメラの底力を示した場面として指摘しておきたい。

上空から撮影したレントゲン写真で発見されたのは、ガメラの肺にある影だった。それはがん細胞にも似ていると診断される。

怪獣の透視図は、大伴昌司がプロデュースした『怪獣図鑑』や少年誌のグラビアページでお馴染みである。今や見慣れた体内の解剖図は、映像のなかで動いている怪獣は、人間が入った着ぐるみ(ぬいぐるみ)や操演された物体ではない、と証明しようとする情熱にあふれている。それだけに生物性あるいは人工性を強調した図解となっていた。

ガメラに関しても解剖図が作られて、『大映グラフ』などで紹介されてきた。同雑誌の六九年四月号によると、ガメラは「火を消化する胃」「石炭ぶくろ」「溶岩をためておく袋」「液体酸素ぶくろ」「食べたウランをためておくところ」などを持っている。ガメラの好物は「石油、石炭、ミサイル、原子力」とされ、それぞれを消化し蓄える内臓が必要と考えられていたのだ。

だが、『大魔獣ジャイガー』では、そうした過去の設定は使われずに、ガメラの構造は「アオウミガメ」に似ている、と現存する動物に比べられてしまう。そのレントゲン写真も、ウミガメではなくリクガメの手足の特徴をもち、さらに体内の構造は哺乳類になっている、という指摘もある（『強いぞ！ガメラ』）。怪獣図鑑的な解剖図とも、現実の亀の解剖図ともかなりかけ離れているわけだ。

そして黒い影はガンではなくて、繁殖するために植え付けられたジャイガーの幼生とみなされる。それを取り除くには、ガメラの体内に入らないといけないのだが、町工場で弘の父親が万博のために作ってきた小型潜水艦が役立つのである。

これは明らかに映画『ミクロの決死圏』（一九六六）の影響がある。湯浅監督好みの「アイザック・アシモフ」の原作で、冷戦期の東西の対立を扱った話でもある。東側陣営から、ミクロ化技術を長時間持続させる秘密をもった科学者が亡命してきた。ところが、その科学者が脳溢血になったので、一時間だけ救命艇をミクロ化して、体の内側から治療する話である。体内の描写も「幻想的な旅」という原題にふさわしいリアリズムとはかけ離れたものだったので、ガメラ映画に合うと考えられたのだろう。しかも『ミクロの決死圏』のように、人体に入るためにミクロ化するのではなく、巨大なガメラの体中に入るのだから、小型潜水艦に子ども二人が乗り込むのがぴったりだった。

弘たちは小型潜水艦を使って、ガメラの胃や気管を通る。大映のガメラ製作者としては、東宝や円谷プロが協力した太陽の塔内の進化の樹の展示に対抗したかったのかもしれない。そして弘たちがジャイガーの幼生と出会い、トランシーバーを投げつけたところ、低周波で苦しんで、悶え死んでしまう。そこから、低周波を利用する「スピーカー作戦」を思いつくのだ。高周波を武器にするジャイガーは、低周波に弱いという高橋脚本の「あべこべ主義」でこれも説明がつくのである。

そして、ウィリアム博士によって、悪魔の笛という石像の構造も断面図で示され、内部が明らかになる。本来生贄の血を流すために開けられた穴に、風が通って低周波を生み出すので、今までジャイガーを封じ込めていた、と説明される。この増幅した笛の音というのは、『機動警察パトレイバー the Movie』（一九八九）の伊藤和典脚本の風の音との共鳴の話に影響を与えたのかもしれない（伊藤は平成ガメラ三部作の脚本家でもある）。

『ガメラ対大魔獣ジャイガー』の翌年の一九七一年には、横溝正史の『八つ墓村』が角川文庫で復刊され、たたりや怨念とミステリーを結びつけた空前の横溝ブームがやってくる。一見幻想的に見えた出来事が、金田一探偵によって論理的に思える説明がなされて、みなが納得するのである。ウィリアム博士による悪魔の笛のメカニズムの説明は、その前哨戦だったとさえ言えるのだ。

人間側は、ガメラの心臓に七百万キロワットの電力を直接流して、蘇らせるのに成功した。大阪市が一日に使う電力を注ぎ込むのである。『ゴジラ』以来、高圧線の送電網を怪獣撃退や進行を阻む道具として使うことはあった。だが、ここでは復活のための心臓マッサージの道具となった。一度仮死状態になってから蘇ることは、その後『ガメラ2』で、レギオンによって仙台で炭化したガメラとして反復される。

けれども、ガメラ復活のために電力を消費しすぎて発電所がオーバーヒートして停電となり、肝心のスピーカー作戦が中断してしまう。それによって、ガメラとジャイガーは最後の戦いをおこなう。ジャイガーの極超音波の攻撃を防ぐために、ガメラが自ら引き抜いた電柱で耳を塞ぐ場面が有名だが、防音によって有利にガメラは戦うのだ。だが、ジャイガーにトドメを刺さずに、悪魔の笛を頭に突き刺しただけで終了する。炎で燃やしたり、粉々にしたりはしなかった。そしてガメラがウエスター島へとジャイガーを連れて帰るところで映画は終わる。

万博会場に悪魔の笛のレプリカを展示することで満足しよう、とウィリアム博士が提案して万事解決する。最近も大英博物館所蔵のモアイ像の返還要求があるように、世界の遺物を現地で保存するというのはひとつの流れである。また展示に精巧な模造品を使って、本物は別のところで保存する手法は、日本でも各地の博物館や寺社の宝物の展示で利用されている。

これが、世界の文化財保存の趨勢だとすると、案外この映画が先鞭をつけたといえるかもしれない。大阪湾と南洋をめぐる物語の展開は似ていても、偽のオパールをめぐって騒動の起きた第二作の『バルゴン』から、偽の悪魔の笛の展示で満足する『大魔獣ジャイガー』へと変化したのだ。それは「月の石」も含めて「本物」に殺到する万博への静かな反論ともなっていた。

怪獣から万博会場を守って開催にこぎつける、というのがこの映画の主旨である。同時に「人類の進歩と調和」の物語として、ガメラとジャイガーが共存する可能性が示されている。ガメラを人類の味方とし、他の怪獣を敵として殲滅するパターンとは異なった展開でもあった。この点を深めることは、結局昭和ガメラシリーズではなされなかったが、どこか希望を残した作品だった。

4　『ガメラ対深海怪獣ジグラ』とガメラ映画の終焉

【ガメラ最後の戦い】

昭和のガメラシリーズにおける事実上の最終作となった『ガメラ対深海怪獣ジグラ』は一九七一年七月十七日に公開されたのだが、その年の十二月に大映本体が倒産してしまう。大映としてガメラを作ることは不可能になった。これ以降のガメラ映画は再建された大映によるもので、撮影所システムが解体したあとで製作されたのである。湯浅監督自体も社員監督から契約監督となり、残業代が出なくなったとされ、経費節減が一段と厳しくなった。会社が経営難を迎えるなかで、予算不足と人員の疲弊、労使交渉の激化による生産体制の乱れが、そのまま作品に盛り込まれたように、あちこちで筋の展開や整合性が破綻した作品となっている。

たとえば、ジグラ星人が引き起こしたマグニチュード十三の地震で東京が壊滅したのに、千葉の房総では被害もなく、どうやら通常の生活が営まれている。国連と防衛軍の連絡も中心となるのは鴨川なのである。ジグラ星人はわざわざ「有名な関東大震災でマグニチュード七・九、世界有数の三陸沖の地震でさえも八・五」と説明する。マグニチュードは数値が二あがると千倍の規模になり、マグニチュード十二で地球が真っ二つになるとされているので、十三というのは地球上では観測不能である。ファンタジーを現実還元するのはよくないが、東日本大震災を経た今では、さすがに看過できない誇張表現だろう。

また、映画内では「今は昭和四十六年、一九七一年」と登場人物が念を押しているのに、近未来のように日本が月面基地を作っている。もちろん、ファンタジーであるからこそ、こうした矛盾や飛躍が可能となる。だが、別の意味では、映画人気の後退戦のなかで、さまざまな要素をつなぎ合わせて、一本の映画に仕立て上げてみせた好例ともなる。企画担当が、SF志向の仲野正和から、『バルゴン』の斉藤米二郎に戻ったのも、そうした混乱に拍車をかけたのかもしれない。

日本の月面基地に、ジグラ星の円盤型宇宙船が近づき、破壊する。「この映画は人類に発せられた警告の物語である」とナレーションが入る。逃げようとした月面探検車が緑の光線で消えるのは、あとの伏線だった。一転して、鴨川シーワールドを背景に、ガメラマーチが流れ、もはやガメラ映画のフォーマットは消えてしまった。前年に開園した鴨川シーワールドを紹介する映画となってしまったわけだが、幼稚園に行く前に歯磨きをちゃんとしろとか、イルカと並べて示される。

二人の子どもたち、健一とヘレンのそれぞれの父親が鴨川シーワールド内の海洋動物研究所につとめている。契約によって、日米の人物を出すという約束事は守ってはいるが、トム・ウォレスというアメリカ人を藤井浩二が演じている。藤井は『バルゴン』でオパールに執着した悪人小野寺を演じた。善人の役柄というだけでなく、どう見てもアメリカの学者には思えない。日系アメリカ人という解釈もありえるが、ウォレスという名字が気になる。前作の『大魔獣ジャイガー』のウィリアム博士までは、それらしい俳優を使っていたのに、セリフも多いせいなのか、そんな配役の余裕もなくなったことを感じさせる。

二人の父親と健一とヘレンは、ボートに乗っていたら、ジグラ星人の円盤型宇宙船へと物質転送されていた。ジグラ星人だという女性Xは、彼らを証人にして、人類への降伏を迫り、科学力を見せつけるために地震をおこす。その証人となったあとで、抵抗した大人たちは女性Xの眼差しと指ぱっちんで、催眠術にかけられてしまう。だが、「目を見るな」と気づいた子どもたちが、例の「あべこべにする」機転で機械をいじって、ボートは海へと戻った。そこに宇宙船が襲ってきたが、呼び寄せたガメラが助けてくれた。さらに、ガメラが海中で襲った宇宙船のなかから、ジグラ本体が出てくる。そして巨大化して、怪獣ジグラとしてガメラと海中で戦うのである。

女性Xはジグラ星人から、人間は食料なのでこれ以上殺すのではなく、子どもたちだけを見つけて抹殺しろと命令をうけ、鴨川シーワールドに出現する。みながジグラ星人だと思っていた女性X

は、じつは月面基地にいた日本人菅原ちか子だったとわかる。月面車でクレーターに向かっていたところを拉致されて、ジグラ星人の円盤によってコントロールされていたのだ。

ガメラも巨大化した怪獣ジグラによって睡眠状態になってしまう。イルカの飼育員のヒントで、カワイルカの原理を応用して、トランシーバーの電波が人間たちの睡眠術を解く鍵になる。これは前作のトランシーバーの低周波がジャイガーに利いたことの応用である。そして、ガメラの方は落雷のエネルギーによって目覚めるのである。

今度は小型潜水艦ではなく、バチスカーフ型の潜水艦が活躍する。研究所のバチスカーフが睡眠状態にされたガメラの様子を探りに潜っていく。これは自走式の潜水艦ではなく、まさに『原子怪獣現わる』で登場したタイプの潜水艦である。だが、ジグラに襲われて日本海溝へと沈み込む。

そしてジグラは、中に乗っている健一とヘレンそれに二人の父親の科学者の合計四人の命と引き換えに人類に降伏を迫るのだ。そのとき、司令官は降伏を受け入れると一旦決めるのだが、女性Xから目覚めたちか子が、ジグラの弱点を動物学的にさぐれと健一の父親に促す。そこで二人の科学者はサーチライトを浴びせる。だが、彼らは怒ったジグラに細胞活動停止光線を浴びせられてしまうのだ。

こうしたガジェットや展開には興味深い点もあるが、全体を貫く動的な連結をもつものとなっていない。このあたりが、この作品の評価が低い理由だろう。しかも、健一とヘレンの幼稚園児二人を主人公にしたせいで、二人は機転を利かすことや、女性Xの手をすり抜けることはできても、『大怪獣ガメラ』や『ギャオス』や『宇宙怪獣バイラス』のように、問題解決をするヒントを大人たちに与えながら冒険をするには、荷が重すぎたのである。

それよりも、脇役の大人たちの対応が興味深い。これは倒産間近となった当時の大映の社内の状況を映し出しているかもしれない。ジグラがやってくるので、房総半島から全員の避難指示が出ているのに、漁港で獲れた魚を、シーワールドホテルの支配人とイルカの飼育員が奪い合っている。「宿泊している人間のため」と「飼育している魚たちのため」と言い争いになるのがおかしい。どちらも自分が最後の一人になっても現場を死守すると言っている。職場を守ることを自分の命より優先する昭和世代の発想が色濃く出ていた。

また、すべての武器が使用不可能だったと司令官が報告すると、国連は原爆使用を検討したのかと質問が出る。それに対して司令官は、原爆を使うとジグラ星人ではなくて人類が自滅するのではないかと懸念して国連は断念したと返答する。「そんなバカな。我々は自衛するために高い税金を払っているんだ」と抗議の声があがると、「いいえ、残念ながら、武器とは本来そういうものです」と司令官がにべもなく答える。専守防衛の議論を無効にするような意見である。

極めつけは、ガメラが、鴨川沖の仁右衛門島に健一たちが乗っているボートを運んでくれたときに、風体のおかしな老人が出現するところである。この役を吉田義夫が演じているのだが、仁右衛門島は実在の島であり、老人は源頼朝と平野沸門との間にあった八百年前の出来事を子どもたちに語り始める。一種の観光案内となっているが、吉田は『大怪獣ガメラ』でエスキモーの老酋長を演じて、「ガメラ」という名前を最初に口にした人物でもある。ここでも「仁右衛門島」の由来を知っている老人役だが、トランジスタラジオで臨時ニュースを聞いたりする現代人でもあった。吉田を再登場させたことで、ガメラ映画は一種の円環構造を作った。

【海洋汚染と鴨川シーワールド】

今回のポイントとなるのは海洋汚染である。「この映画は人類に発せられた警告の物語である」と最初のナレーションにあったが、どうやらその警告は海を汚すなという内容のようだ。ジグラ星人は、美しい海を求めて、表面の七割を海が占める地球を探し当てた。だが、人類は海を汚しているとして、実写映像として、ヘドロ公害などの汚染された海が映し出される。宇宙時代になって足元を見たら、そこには汚染された地球があったのである。

ライバルのゴジラ映画でも、サイケデリックな映像でカルト的な人気をもつ『ゴジラ対ヘドラ』が、同じ一九七一年七月二十四日と一週間遅れで公開されている。ヘドロ公害はタイムリーな話題性をもっていたのだろう。ゴジラ映画の舞台は、東京をはさんだ反対側の静岡県の田子の浦であった。こちらはヘドロがそのまま怪獣になったわけで、同じ題材を扱っても、ガメラ映画とのアプローチの違いを感じさせる。

ジグラ星人は「美しい海を人類に自由にさせておくにはもったいない」として、人類を抹消しようとする。そこには公害化の懸念があった。そして、ヘドロの海の代わりのイメージとして差し出されたのが、鴨川シーワールドだったのだ。海が汚染される時代だからこそ、美しい海をもつ房総のリゾートが価値をもつ。公害対策基本法は一九六七年に、水質汚濁防止法は一九七一年に施行された。そして翌一九七二年には、沖縄返還が決まり、沖縄海洋博が一九七五年に開かれたのだ。汚れた海の忌避や対策と、海の観光地に対する関心とが同時に活発化していた時代であった。

シーワールドの施設のようすは、女性Xと二人の子どもたちが追いかけっこをするなかでわかってくる。イルカのショーをする舞台や、大きな水槽、さらには女性Xが閉じ込められた観覧車など、さまざまな施設が置かれ、ホテルやレストランが併設されている。新しいタイプのリゾートを目指しているのだが、ここではヘドロの海と、きれいな外房の海とが対比されている。

海の生き物として、高等生物としてのイルカと、その延長にある海洋生物としてのジグラ星人が重ね合わされている。人間はイルカをショーの道具とみなしているだけだ。だが、イルカ以上に高等なジグラは、人類への支配や復讐を誓ったために、ガメラに倒されてしまった。しかも、怪獣ジグラの背びれをガメラが岩で叩いて、ガメラマーチのテーマを奏でるような遊びまで交えている。明らかにジグラに対する優越感が描き出されている。最後には、ガメラが火炎放射で焼き尽くしてすべてが解決する。

その後で、健一がジュースの空き瓶を砂浜に捨てたのを見て、健一の父親が叱る。「怪獣ジグラは地球のこの美しい海に憧れて命を落としたんじゃないか。この美しい海を地球人が自分たちの手で汚したりしたら、人類の恥だぞ」と言う。ここでは、侵略者であるジグラも美意識をもっているように評価されている。しかも「ガメラもジグラも命がけで公害からこの海を守れと我々に教えてくれた」と健一に教訓を述べるのだ。ジグラとガメラとが並べられ、どちらも人類への教訓を与えるための存在とみなされている。ガメラ映画における怪獣の役割が、脅威や恐怖の源泉ではなくて、子どもたちの教材や遊びの道具になってしまった。どうやらガメラの怪獣としての賞味期限がここで切れてしまったといえる。

海の彼方にガメラが消えていくところで映画は終わった。怪獣特撮映画として満身創痍となった『ガメラ対深海怪獣ジグラ』が昭和シリーズの事実上最後の作品となった。このあと、一九八〇年に湯浅監督の手で『宇宙怪獣ガメラ』が、再建された大映で作られるが、新しい特撮場面はなくて、むしろ平成ガメラ三部作への否定的な受け渡しとなった。これに関しては、第3章で昭和シリーズを総括したあとで扱いたい。

(★4) 大村崑は、三木のり平をまねた丸眼鏡で知られている当時の人気コメディアンで、次の『ジャイガー』にも顔を見せる。「小さな巨人です」と宣伝して有名になったのが大塚製薬のオロナミンCだった。平成ガメラには『ガメラ1』で、姫神島に浪花千栄子の顔の出たオロナイン軟膏の琺瑯看板が、そして『ガメラ2』では、首都防衛のために自衛隊に出動命令が出て、戦車が通る手前の小屋の壁に大村の出たオロナミンCの琺瑯看板が掲げられていた。どちらもスポンサーではなく、昭和の残滓をしめす記号だった。

第3章　湯浅ガメラの戦果

1　湯浅演出の特徴

【特撮と人間ドラマの一体化】

湯浅憲明監督が、ガメラ映画を成功させたのは、ミニチュアやオプティカル合成を使う特殊技術や特殊撮影の現場をよく知っていたせいである。そのため、本編の人間ドラマにおざなりで特撮を挿入するのではなくて、まず特撮ありきで、映画全体を組み立てていったのである。

湯浅監督は、第二作の『バルゴン』以降、九十分で九千フィートの長さの完成フィルムが必要となるため、二千フィートを特撮に回すことにし、さらにそれを五百フィートずつ四つにわけて、「＊作戦」という名称で呼ぶ内容にしてくれ、と脚本に求めたという（『クロニクル』）。大雑把に言うと、五分位の特撮のシークエンスが四回出てくることになる。

これが映画全体のリズムを形作った。『ギャオス』を観ると、「ギャオスに捕まった英一を救うガメラの戦い」「名古屋を襲うギャオス」「ギャオスを回転ラウンジにおびき寄せるが失敗」「山火事で呼ばれたガメラがギャオスと死闘」と特撮を使う山場が確かに四つある。五分以上の特撮シークエンスだと子どもが飽きる心配もあった。予算の関係で、五分以上の長さのシークエンスを支えるだけのミニチュアセットの破壊や火災や爆発シーンが不可能という事情もあったのかもしれない。いずれにせよ、五分を四回という配分が最適値と考えられていたのだ。

湯浅監督が特撮そのものへと深く関わらざるをえなかったのは、大映を代表する特撮SF作品である『宇宙人東京に現わる』に関わった的場徹（『鯨神』）や築地米三郎（『秦・始皇帝』）といったベテランが次々と退社したせいでもある。退社した後、的場徹は『ウルトラQ』の演出を担当し、円谷プロの側にいってしまった（『ウルトラQの精神史』を参照）。また、『大怪獣ガメラ』の特撮を担った築地は、六七年にテレビの国際放映へと移籍し、九重佑三子版の『コメットさん』（一九六七―六八）の特撮を担当した。

そのため、二作目の『バルゴン』は、特殊技術を湯浅監督が、特殊撮影を藤井和文が担当せざるをえなくなった。そして本編を田中重雄監督に任せることで重厚感を出そうというのが、会社側の狙いだった。田中監督は明治生まれだったが、「ずっと二流に甘んじていたから生き延びられた」が持論で、テレビにいっても同じ調子で生き延びたと湯浅監督は感心している。だが、そのときは、湯浅監督はまだ二本しか撮っていない若手だったので、脇に回らされたと屈辱的に思ったのである（『ガメラ創世記』）。これ以降は、『バルゴン』でいっしょに担当した藤井和文が特撮の責任者となって、昭和ガメラを支えることになる。『大魔獣ジャイガー』だけが金子友三なので、映像の雰囲気の違いはそれが主な原因なのだろう。

『大怪獣ガメラ』自体、監督第一作目の『幸せなら手をたたこう』が興行的に失敗し、湯浅監督自身も起死回生を狙うなかで、押し付けられた企画だった。特撮の現場を知っていくなかで、本編の人間ドラマ以外の演出も担当することになった。ギャオスに食らいつくガメラを後ろから支えて位置を確認したり、バイラス星人の宇宙船と一尺の大きさのガメラの間を棒で示したり、といった現場で演出しているスナップ写真が残っている（『クロニクル』）。

ここから特撮現場で演出を担当していたこともわかる。東宝怪獣特撮映画で、本多猪四郎が円谷英二の現場に行って、あれこれと怪獣の動きや角度を演出するなどとはふつう考えられない。大映では、予算も人手も分業制もあまり整っていないからこそ、それだけ介入が必要でもあり、湯浅監督が特撮と人間ドラマの両方に目を光らせたおかげで、大映らしさが出たともいえる。

【画面のつなぎと計算】

湯浅ガメラの特徴の一つは、特撮と人間ドラマの「画面」のつなぎ方である。「カットとカットを結ぶことは助監督が現場で覚えることだ」というのが湯浅監督の持論だった（『ガメラ創世記』）。演劇と異なり、撮影する順序は物語の進行の順序と無関係である。しかも、ミニチュアの大きさやスタジオの広さの関係があるので、ガメラなどが飛んでいる方向をきちんと定めておかないと切り返しの映像が切れてしまう。途中の場面を省く「中抜き」をおこなうためにも、カットごとの演出を覚えておかないとならない。

また、子ども向けの演出として湯浅監督が気をつけていたのが、口で説明することだった。科学者による疑似科学的な説明ではない。「ガメラは今海のなかで休んでいる」と言わないと納得しないと考えたのである。そして科学者の青木博士が「ギャオスの断末魔です」と敵の怪獣の死亡を告知する。さらには子どもたちがガメラに向かって「火炎放射しろ」と指示を出す。プロレスでレスラーと一体化して、必殺技を連呼するようなものだ。こうした説明方法は、場面の省略と相まって、湯浅監督がテレビに仕事場を移してから功を奏したのである。

けれども、このやり方は映像がなくても理解できるので、映画としての厚みが失せてしまう危険性もあった。たとえば、東宝怪獣映画の『空の大怪獣ラドン』（一九五六）の最後で、自衛隊の攻撃に誘導されて噴火した阿蘇山の火がついて、二頭のラドンが焼けて、溶岩に飲み込まれるときのような余韻を与えない（実際にはラドンが空を飛んで去る予定が失敗したのだが、まさに現場の偶然を物語の必然に読み替えた例だろう）。司令官による「攻撃態勢解除」の声のあと、伊福部昭作曲の鎮魂の音楽が流れている間に、もしも平田昭彦演じる柏木博士が「ラドンの断末魔です」と声に出したら、映画の演出がぶち壊しとなってしまう。それが、東宝特撮と大映特撮の違いでもあり、本多猪四郎と湯浅憲明の監督術の違いでもある。

特徴の第二は、湯浅監督はプログラムピクチャーの監督らしく、時間と予算をキチンと管理計算して作ったということだ。脚本家の菊島隆三はサンリオで『父と子』（一九八三）という映画を作った体験から「ペン（脚本家）、カチンコ（監督）、計算器（プロデューサー）」の三者の駆け引きが映画と考えるのだが、監督も計算器が必要となる。それは、脚本家の想像力を最大限に活かすためにも必要な作業だった。

映画製作における費用と時間を計算することは、井上梅次の助監督をしたおかげで学んだと湯浅監督は公言している（『ガメラ創世記』）。日活で『嵐を呼ぶ男』（一九五七）などを作り一世を風靡した井上監督だが、大映では、京マチ子主演で乱歩＝三島のミステリー『黒蜥蜴』（一九六二）、若尾文子主演でサスペンス作品『わたしを深く埋めて』（一九六三）といった佳作を撮っている。井上は、ロケハンの段階で費用を計算して、実際よりも安くあがるなら、平気でミニチュアを使うなどと臨機応変なのである。

その井上監督は、『大怪獣ガメラ』の脚本を読んで「演出やない。計算や。計算さえ出来たら、誰でもできる」と断言した。決められたカット数を消化しないと期日までに映画は出来上がらない。しかも特撮と人間ドラマの両方があるのだ。たとえば、いちばん予算がなくて困ったという『宇宙怪獣バイラス』の製作スケジュール表によると、一九六七年の十二月十四日から、翌年の一月三十一日までで完成している。しかも、年末年始や成人の日などは休みである。前半が特撮で、一月十一日からの後半が茅ヶ崎でのロケだったことがわかる（『クロニクル』）。当然ながら、天候を理由に撮り直しをする時間も予算の余裕もない。そこで封切りまでの時間を逆算してスケジュールを嵌めていくことは、脚本の物語を分解して撮影を組立てる映画製作の基本にかなっているのである。

また、衣笠貞之助監督は、一つのスタジオを色々な小道具を使って別物に仕立てる技を教えてくれたという（『ガメラ創世記』）。これは『宇宙怪獣バイラス』で、バイラス星人の宇宙船の船室の違いを一つのセットで、ライトやパネルの色を変えることで演出するのに役立った。その後も、『大悪獣ギロン』で第十惑星の基地の場面で、同じやり方が利用されている。また、衣笠監督は一本の木を購入して、配置を変えてその木を刈り込んでいくことで、別の木に見せる技も実地に教えてくれた。そうした撮影所のなかで長年培われてきた技を、湯浅監督はそれぞれの監督から継承して、ガメラ映画やテレビドラマで応用してみせたのである。

【子どもへの信頼】

昭和ガメラシリーズをたどると、ガメラと子どもたちの関係が、次第に密になっていくことがわかる。そして、「ガメラは子どもの味方」という言葉が、絶対条件となり、しまいには『深海怪獣ジグラ』のように、ガメラはピンチのときに呼べばやってくる便利な存在となる。この変化は湯浅監督による意図的なものであり、ガメラ映画への好き嫌いを分ける点になる。子どもが出てこない『バルゴン』をいちばん推す意見があるのも不思議ではない（『ガメラ完全化計画』の野間典和など）。

『大怪獣ガメラ』でペットの亀のチビがガメラになったと信じ込んだ俊夫や、『ギャオス』で見いだされた英一とガメラの以心伝心は、その後、形を変えて子どもたちのガメラ信頼へとつながっていく。そして、平成ガメラ三部作では草薙浅黄とガメラの関係になり、昭和ガメラの語り直しを考えた『小さき勇者たち〜ガメラ〜』でも利用されるのだ。

ガメラが作られた六〇年代には、「怪獣特撮＝子ども向け」という考えは抜きがたいものだった。五〇年代にゴジラが作った怪獣映画のフォーマットのなかで、「災害映画」の範疇を超え、とりわけ『キングコング対ゴジラ』という対決ものが人気を獲得した。怪獣対決により観客の期待を高めることに慣れてしまったのだ。『大悪獣ギロン』のときは、当初「怪獣X」として製作され、子どもたちから名前を募集して決まったほどである。

しかも、湯浅監督の子ども重視の戦略は、マーケット分析に則っていた。第二作の『バルゴン』が評判の割に興行成績があがらなかったのは、子どもたちが人間ドラマに飽きたせいだという分析が出た。会社としても方向転換をしなくてはならない。しかも三部作以降は、予算縮小の状況だからこそ、映画の観客対象を狭めて、絶対にハズれない作品を作るしかない。湯浅監督は、上映中の子どもたちの反応を見て、子どもに受ける演出をしたのである。それはジャンルとしての怪獣映画の要請でもあった。

だが、そうしたなかで、どのような子ども像を設定したのかが重要となる。『大怪獣ガメラ』では亀マニアの孤独な少年。『ギャオス』ではガメラを素朴に信じる山村の少年。『宇宙怪獣バイラス』では、ボーイスカウトのいたずら好きの日米の少年。『大悪獣ギロン』では、日米の天文少年たちと地球で待っていた妹。『大魔獣ジャイガー』では日米の少年とやはりちょっとおしゃまな妹。『深海怪獣ジグラ』では科学者の子どもである男女の幼稚園児たち。それぞれに違いはあるが、ガメラとの距離は、だんだん近くなる。

子どもの扱いとして、ガメラシリーズ以外での湯浅監督の代表作は、やはり『ボクは五才』（一九七〇）だろう。これは大阪で出稼ぎに行って帰ってこない父親に、祖父母のもとで育てられている五歳の子どもが高知から、無銭旅行をして会いに行った実話を元にした映画である。四百キロを旅するのだが、何度も途中で失敗して連れ戻される。そのたびに奇手を見出して脱出するのである。

空腹を避けるためにとった行動や無賃乗車など、現在では非難されるかもしれない機転をきかせて旅を続ける。三歳のときに大阪に行った記憶を絵で描いたものが、地図のような役割をはたし、最後にペプシの看板と階段のようすから父親のいた場所を見つける。だが、父親は二日前に引っ越していて、最後にようやく会えるのだ。太郎の祖父の役で、日本人でガメラを最初に見たことになっている左卜全が出てきているのが、とぼけた味を出していた。これは『大魔獣ジャイガー』が襲おうとした建設中の万博会場の裏側を描いた作品でもある。

この太郎の例からもわかるように、湯浅監督の頭のなかで「無垢」とか「純粋」といっても、まったく受動的なおとなしい子を想定しているわけではない。しかも、そうした子ども像を作り出すのが大人であることもときに垣間見える。たとえば、『大魔獣ジャイガー』で、ジャイガーと戦うガメラに、弘とトミーが万国博の会場を壊さないでくれ、と頼む。それを聞いた妹のスーザンが「そんなことガメラに頼んでも無理よね。どれが万国博の会場だか、ガメラには分かりゃしないわ」と訴える。訴えられた弘の父親は「いや、ガメラはきっと分かってくれる。信じなさい。その素直な気持ちが大事なの」だと言うのだ。大村崑が弘の父親の役をやっているので、説得力をもってしまうが、これは子どもは素直になれという一種の命令に聞こえる。

冷戦期に、米ソの両陣営が子どものイメージを「無垢な武器」として利用したことが指摘されている（マーガレット・ピーコック『無垢な武器』）。これは『ギャオス』の併映作として、一九六七年に、衣笠貞之助が共同監督となった日ソ合作の『小さい逃亡者』が作られたことにもつながる。父親を探しに行く子どもというのは、『ボクは五才』の先駆者のようだ。子どもの扱いのなかに、どのような将来を託すのかという期待が隠れている。そして、怪獣特撮映画で育った世代が、自分たちのものとして本格的に作り出すには、昭和の次の平成を待たなくてはならなかった。

【逆転の高橋脚本】

湯浅監督を支えたのが、高橋二三の脚本である。一本の映画に四ヶ所の特撮シーンを入れるという要求に応じて、奇想天外な作戦を考え出したのが高橋だった。『幸せなら手をたたこう』から、高橋脚本に触れてきたので湯浅監督との相性は良いのだ。「絵が浮かぶ」というのが評価点でもあった（『ガメラ創世記』）。つまり、映像にしやすかったのである。

湯浅監督のガメラ作品はすべて高橋の脚本に基づくのだが、どれも「逆転」の発想で書かれている。高橋は『ガメラ・クロニクル』で誇らしげに「逆転的解説」として、すべての作品の逆転に解説を加えている。アイデアからストーリー展開まで、呆れるほどの「高橋マジック」（『ガメラ完全化読本』）の要諦は、どうやら「逆転」にあるようだ。

この「逆転」は「あべこべ」と本書で呼んできた発想にあたる。たとえば、『宇宙怪獣バイラス』で、制御装置のプラスとマイナスをあべこべにしたら前進が後進になるとか、『大魔獣ジャイガー』で、高周波が好きなジャイガーは低周波が苦手だから攻撃の武器になるといった具合である。そのときに「北国育ちは南に弱い」という論拠を持ち出すのだが、これは、「コーヒーに砂糖を入れすぎたら塩を入れたら良い」といった類の苦し紛れの「子どもだまし」の発想にしか見えない。だが、おかげで、それまでの展開がひっくり返されて事態が打開する。

高橋はこうした逆転の手法を先輩の脚本家である菊島隆三から習ったという（『クロニクル』）。菊島から「脚本づくりの途中で行きづまったら、それまでと全然反対のことを考えてみる。その結果、前後すべてに整合性を見いだせたら、傑作が出来る」と忠告されたのだ。しかも、昭和二十七年と教わった日付も書かれていて、そのときすでに菊島は黒澤明の『野良犬』や『醜聞』の脚本を書いていた。

のちに、黒澤映画の脚本を、菊島を含めた四人で『隠し砦の三悪人』（一九五八）、五人で『悪い奴ほどよく眠る』（一九六〇）を書いた。そのときに定式化されたのが、リレー方式で、前の担当者が打開策はないように追い込み、次の担当者が解決策を見出して続きを書くものだ。行き詰まりを「逆転」させることで事態を打開するわけである。それに整合性を与えるのに成功すると、二転三転するストーリーとなり、観客を翻弄し、あっと言わせることができる。そうした菊島脚本の妙味を高橋が受け取っていたとすれば、円谷英二の特撮だけでなく、シナリオ作りにおいても、東宝の影響があったといえる。これは脚本家が多数関与するハリウッド方式の採用でもあるが、高橋は基本的に一人でやっていたわけである。

ストーリーの上で逆転がうまくいくためには、ガメラが一度傷つく必要がある。映画の後半でヒーローの形勢が逆転するための定番である。前半で一度は、決定的ではないにしろ英雄は傷つき後退する。そして、後半で思わぬやり方で反撃をする。これはエンターテイメントの王道でもあるが、高橋脚本は、その道筋をきちんと守っている。科学的な信用性は皆無でも、最後の形勢逆転のために映画内の材料はなんでも使われる。そして、湯浅演出が、その実現に知恵を働かすのだ。

ガメラはギャオスに前足を斬られたり、ギロンにひっくり返されたりする。そのたびに傷ついたガメラは、たいてい水中で治療するのだが、その間に敵の怪獣は猛威をふるうことになる。ガメラが治療を済ますと反撃となるわけだ。だが、前回の手は使えないので、奇手を用いる。それが高橋の「逆転」なのだ。ジャイガーの超音波を防ぐために、ガメラが自分の耳に電柱を差し込むという行動など、高橋以外の誰も思いつかないだろう。

この逆転の発想は、先輩の菊島隆三が、脚本だけでなく製作にも関わった黒澤明の『用心棒』（一九六一）でも見られる。物語の後半で、三船敏郎演じる桑畑三十郎は顔が膨れ上がるほど痛めつけられたあと、棺桶に入れられて運ばれたお堂のなかで静養する。そして、差し入れてもらった包丁と刀を手に反撃へと向かう。相手の卯之助は短銃を持っていて、本来なら刀では勝負にならないのだが、三十郎は包丁を卯之助の手に投げて攻撃を封じる。これが打開する逆転の発想で、高橋はこのやり方を見習ったのだろう。

高橋脚本がこのガメラの反撃パターンを守ったおかげで、子どもでもわかりやすい展開になったのである。常識では判断がつかないが、「リアリズムは監督ごとに違う」と考える湯浅監督なので、高橋脚本をいかに映像化するかに主眼があったのだ（『ガメラ創世記』）。ファンタジー世界内の整合性があれば、このコンビにとっては忌避する理由はなかったのである。

【主題歌と劇伴音楽】

子ども向けに転じたように見える証が、映画の内容を説明する主題歌がついたことである。映画に主題歌がつくことそのものは、戦前からある（★5）。

無声映画なのに、主題歌がレコードで売られる一種のタイアップ商法もあった。田中絹代主演の五所平之助監督の『恋の花咲く　伊豆の踊子』（一九三三）には、四家文子や浅草市丸の歌う「伊豆の踊子」があった。サイレント映画で、弁士がつくわけだが、歌詞が映画のなかに字幕となって出てきた。小唄映画の系譜にあるとされ、こうしたタイアップは珍しくなかった（田村充正「二つの『伊豆の踊子』」）。歌詞のなかで、踊子の心情によりそい「私しゃ浮草波まかせ」「下田港の遠あかり「天城曇れば涙雨」と一番ごとに、ストーリーのポイントをなぞるのだ。

もちろん、主題歌の使い方もさまざまだが、ＴＶ番組なら、毎回主人公の魅力を訴える主題歌が流れる。『ウルトラマン』なら「ウルトラマンの歌」、『仮面ライダー』なら「レッツゴー‼ライダーキック」という具合だ。その意味でガメラ映画に主題歌がついたことで、シリーズ化が図られたともいえる。伊福部昭を中心に楽曲の印象が強い昭和シリーズのゴジラ映画でも、『ゴジラ・ミニラ・ガバラ　オール怪獣大進撃』『地球攻撃命令　ゴジラ対ガイガン』『ゴジラ対メガロ』にはそれぞれ関沢新一作詞の主題歌がある。

ガメラの主題歌の作詞はすべて永田雅一の息子で専務・副社長だった永田秀雅の手によるものだった。『バイラス』以外の昭和ガメラの製作を担当し、第三作目の『ギャオス』では、「ガメラの歌」、そして第四作目の『宇宙怪獣バイラス』からは「ぼくらのガメラ」と「ガメラマーチ」を登場させた。

「ガメラの歌」は、一番は「北極生まれの大きな体」とガメラそのものを歌って始まり、二番は「くわえて放すな水の中」とバルゴンを、三番は「殺人音波の怪獣なんて」とギャオスのことを歌っている。次に作られた「ぼくらのガメラ」は「行くぞ空飛ぶすごい亀」と始まるが、本編には登場しないので印象が薄い。そのなかで、「いかすぞガメラ」とか「がんばれガメラ」とか「強いぞガメラ」と繰り返す「ガメラマーチ」が定番のものとなった。

湯浅監督は学校時代にトロンボーンを演奏していたこともあり楽譜が読め、音楽と映像のリンクにこだわった。ガメラ映画の劇伴音楽に対する湯浅監督の意識は思いのほか高かったのである。『ギャオス』の最後の「ガメラの歌」はそれぞれの歌詞に対応する場面と音楽が見事に一致していて心地よい。また代表作の『ボクは五才』でも、主人公の太郎が、おもちゃの音楽に合わせて口パクをするところも、きれいに揃っていて違和感がない。のちに『おくさまは18歳』で、わざわざ一小節一秒の曲を作ってもらい、それに合わせて映像を作ったほどである（『ガメラ創世記』）。

『大怪獣ガメラ』の劇伴音楽を担当したのは、山内正だった。山内は伊福部昭の門下であり、三作目の『ギャオス』で再び担当に戻っている。『バルゴン』を担当した木下忠司は、田中重雄監督作品の台風パニック映画『風速七十五米』（一九六三）の音楽も担当して重厚な響きを聞かせていたので、特撮も出来ると判断されたのだろう。

また、『宇宙怪獣バイラス』を担当した広瀬健次郎が担当したのは一作だけだったが、何よりも、「ガメラマーチ」を作曲したせいで、今もずっと人々の記憶に残っている。そして『大悪獣ギロン』『大魔獣ジャイガー』『深海怪獣ジグラ』さらに『宇宙怪獣ガメラ』まで担当したのは菊池俊輔だった。多作の菊池だが、アニメの『劇場版・ドラえもん』や大映テレビの「赤いシリーズ」でも有名である。特撮としては、何よりも「仮面ライダー」の「レッツゴー‼ライダーキック」の作曲で有名である。

ガメラの劇伴音楽が軽快になったのは、広瀬、菊池の働きが大きい。編曲もぐっと明るくなり、それまでとは異なる雰囲気を与えてくれたのだ。

2　昭和ガメラと昭和ゴジラの比較

【怪獣ブームの凋落】

湯浅監督が監督をしていた時期は、一九六四年の東京オリンピックを経て、六八年に明治百年祭を祝い、七〇年に大阪万国博覧会の開催と大きな国家イベントを成功させていった日本が経済成長ぶりを世界に誇示した時代でもあった。そこには、社会が消費するエネルギーの大きな曲がり角が来ていた。ガメラにも登場する石炭、石油、そして原子力である。

フランケンシュタインの怪物を動かすために、電気ショックが必要だったように、怪獣特撮映画は、それ以降の「電気」という文明を支えるもののあり方に疑問を投げかけてきた。怪獣は送電線を破壊し、発電のためのダムや変電所を壊す。しかも、近代都市を破壊して、停電させて原始の夜を出現させるだけではなく、石油コンビナートなどの施設を破壊して爆発させるのである。

たしかに、怪獣どうしの肉弾戦のような激突や水中での争いも迫力があるかもしれないが、爆発や炎上のない怪獣特撮映画はどこか迫力を欠く。それは、電気を使って撮影し上映される映画というメディアにおいて、大画面にエネルギーの濫費が描き出される瞬間だからだ。怪獣特撮映画で、ミニチュアを壊すのは、見世物としての「蕩尽」である。一瞬の破壊のために手間暇とお金をかける。これは、古代からのカーニバルのような祭りや、かつてヨーロッパの王侯貴族や、たとえばフィレンツェのメディチ家などの富豪が催した宴の末裔なのだ。

電力といえば、第六作の『大魔獣ジャイガー』では、大阪湾で仮死状態になったガメラの心臓辺りに高圧電流を流す。これは関西電力の手によるのだが、福井県の美浜原子力発電所が一九七〇年十一月に運転を開始していたので、その電力も含まれていたという指摘もある（『強いぞ！ガメラ』）。そこまで現実還元しなくても、ガメラは原子力も原爆も大好きとだいう設定なので、一九八四年の『ゴジラ』におけるゴジラが原子力発電所を襲った以上に、ガメラならば平然と原子力発電所を襲っただろう。

だが、ガメラはバイラス星人や第十惑星人から地球を守り、万博会場や鴨川シーワールドを守った。そこには、火事や噴火でエネルギーを獲得するガメラはいない。ただし、ガメラが活躍するエネルギーを枯渇させたのは、他ならない怪獣ブームそのものだったのかもしれない。それは電気という文明を壊す野生や野蛮を飼いならす過程でもあった。子ども向けであるがゆえに、登場する子どもを「素直」で「純粋」にしたいと思うことは、子どもを飼いならすことなのだ。作品のなかでは、子どもが飼いならせるペットとしての怪獣の扱いがはびこることになる。

映画五社が軒並み怪獣関連の映画を作るほどの怪獣ブームが六六年から六七年にかけておきた。現在では第一次とされる怪獣ブームは、テレビにまで広がり、『ウルトラQ』や『ウルトラマン』のように、毎週新しい怪獣が暴れる趣向の番組が定着する。映画を通して年にせいぜい二回の楽しみだった怪獣との出会いが毎週となり、しかも粗製乱造気味に生み出され消費されてしまった。

そして、水木しげるの『ゲゲゲの鬼太郎』や『悪魔くん』が六五年以降別冊や週刊の『少年マガジン』誌上に連載され、さらに六六年に『悪魔くん』のテレビの実写ドラマが放映された。これが次の妖怪ブームへと変じていく。化け猫や幽霊物はかつて新東宝や大映などの映画会社が得意としていたが、明治百年を契機に、社会の暗い部分へ踏み込む作品へと子どもたちの関心も向かったのだ。高度経済成長の裏にある公害のような歪みを浮かび上がらせた。

大映も、時代劇を主体とする大映京都は、『大魔神』三部作の後で、怪獣物ではなく、妖怪やお化けの作品へと方向を転じた。一九六八年には『妖怪百物語』と『妖怪大戦争』、そして六九年には『東海道お化け道中』を出している。なかでも、『妖怪大戦争』はバビロニアの吸血妖怪がやってきたのを、日本の妖怪が阻止する話であり、のちにリメイクされた。そうした流れのなかで、湯浅監督も棋図かずお原作の『蛇娘と白髪魔』(一九六八)を作っている。

【昭和ガメラと昭和ゴジラの類似と違い】

ガメラとゴジラは良きにつけ悪しきにつけライバル視されるのだが、ガメラはあくまでもゴジラの後追いだったので、同じ方向性を取れなかった。ところが、昭和ゴジラの後期、つまり、ガメラが登場した頃から、両者の関係は複雑となる。なぜなら、同じように映画の苦境であえぐことになるからだ。予算の減額で映像の使い回しが増え、観客数の激減のなかで客層を絞って、子ども向けであるとアピールしなくてはならなくなった。ゴジラ映画も「東宝チャンピオンまつり」という枠のなかで、『巨人の星』のようなテレビアニメをそのまま劇場公開する作品と並ぶことになった。

こうした映画の斜陽化と怪獣ブームの陰りを察して、一九六八年に、昭和ゴジラシリーズも第九作の『怪獣総進撃』を総決算の作品として選んだ。忠臣蔵に材をとり、怪獣ランドにいる怪獣たちが、キラアク星人によって操られたのを、人間たちが阻止する内容である。戦う舞台として富士山麓が選ばれているのだが、同時に月面が重要な鍵を握る。キラアク星人の基地があり、そこを攻撃することになるのだ。ガメラ映画にもつきまとう、怪獣が宇宙人によって操られて破壊者となるという図式がある。そのためには、人類の味方か、少なくとも人類に制御されていなくてはならない。ゴジラシリーズはここから、人類がゴジラたち怪獣をどのように管理するのかに向かうのだ。

三部作を終えたガメラシリーズが選んだのは、『怪獣総進撃』と同じく宇宙だった。ガメラシリーズでは、Zプランで火星にロケットを飛ばすことはおこなっていたが、『宇宙怪獣バイラス』や『大悪獣ギロン』で本格化する。だが、『猿の惑星』や『2001年宇宙の旅』が公開されて、ハリウッドが生み出す怪獣を抜きにした特撮技術と予算規模において、圧倒的な違いを見せつけられてもいたのだ。

東宝が、ゴジラシリーズから離れて作った日米合作の『緯度0大作戦』はジョセフ・コットンやシーザー・ロメロを起用した鳴り物入りだったが、海中での善玉と悪玉の潜水艦の戦い、科学者たちのユートピア都市、人間をコウモリやライオンと合成する話など、『海底二万里』と『モロー博士の島』を足したような設定だった。原作が戦時中のアメリカで書かれた作品だったように、到底アポロ11号の月面着陸の後で通用する物語ではなかったのだ。月面着陸までの実況中継を学校や家庭のテレビで体験した子どもたちにしてみれば、この程度の展開で満足するはずはなかった。そこで、東宝は再びゴジラへと舵をとったのだ。

東宝のガメラへの反応としては、ゴジラ映画ではない怪獣特撮ものとして、一九七〇年の『ゲゾラ・ガニメ・カメーバ　決戦！南海の大怪獣』で、リクガメのカメーバを出しているのが、応答といえる。宇宙からやってきたアメーバ状の生物に亀が乗っ取られて、巨大化したという設定だった。怪獣というよりも、巨大生物であり、もちろんジェット噴射で空を飛ぶということはなかった。カメーバはその後『ゴジラ×モスラ×メカゴジラ　東京ＳＯＳ』（二〇〇三）で、おそらくゴジラと戦った死骸として登場する。それはガメラに勝ったという一種のジョークねたでもあった。

ガメラ映画は、社会的事象や話題をどこか耳学問的に取り込む姿勢があった。それは題材にも現れていて、『ギャオス』の高速道路建設、『大魔獣ジャイガー』の万博開催、『深海怪獣ジグラ』の環境汚染などが扱われた。ゴジラ映画も『ゴジラ対ヘドラ』はそうした動きと並ぶのだろうが、ゴジラを空に飛ばしたので、プロデューサー田中友幸の逆鱗に触れてしまい、ゴジラは前の路線に戻ってしまう。

【湯浅監督と関沢新一】

「子ども好き」という点で案外近いのが、湯浅監督と『キングコング対ゴジラ』などのゴジラ映画の脚本を担当した関沢新一である。どちらも清水宏監督の弟子という共通点をもつ。清水宏は川端康成の掌の小説の一編を映画化した『有りがたうさん』（一九三六）や若大将シリーズの原型となる『大学の若旦那』（一九三三）で知られていた。それがしだいに作為を排除するために子どもへ関心が向かい、『風の中の子供』（一九三七）を完成させる。そして、戦後には『蜂の巣の子どもたち』（一九四八）など戦争孤児を使って映画を作り、彼らを引き取って育てもした。

清水はやはり松竹で子どもを巧みに演出していた小津安二郎の友人でもあったが、演出法は対照的だったと笠智衆は証言する。セット撮影と細かな演出が好きな小津と、ロケーションが大好きで自由に演技をさせる清水だからこそ仲が良かったのだと推測している。そして、「美しい自然の前では、動物か子どもしか動いちゃいけない」と考えていたと語る（『大船日記　小津安二郎先生の思い出』）。笠は小津を「先生」と呼び、清水を「オヤジ」と呼んでいて、二人との距離の違いを感じさせる。

大学を出て入社したばかりの湯浅監督は、すぐに清水監督の助監督を務めた。清水は大映東京で『人情馬鹿』（一九五六）から『母のおもかげ』（一九五九）まで六本を監督している。大映東京のドル箱である「母」ものを三本撮っているのだ。母を求める子というのが主なテーマだが、これが湯浅監督の『ボクは五才』では、父と子になっている。しかも、ロケーション好きの清水監督についたことがあるので、高知から大阪までの旅もの映画の撮影をこなせたのかもしれない。もっとも、大映京都撮影所が縄張り意識から、スタジオを貸してくれなかったので、仕方なしにロケーションで済ましたのだ、と抗議しているのであるが（『ガメラ創世記』）。太郎役の子どもが、トイレの手洗いの水で空腹を満たしたり、タクシーの陰で立ち小便をする際の演出など、作為をあまり感じさせないのは、清水監督譲りと言えそうである。

一方の関沢新一も、やはり清水の助監督を務め、『蜂の巣の子どもたち』の製作なども担当した。しかも、新東宝で配給された高島忠夫主演の『空飛ぶ円盤恐怖の襲撃』（一九五六）で監督も体験している。東宝での『キングコング対ゴジラ』や『モスラ』や『海底軍艦』などの関沢脚本にあるのは、華やかさや、あるいはバカバカしさだったりする。京都出身で、漫才を手本にしているという会話の展開も、関西大学出身のプロデューサーである田中友幸の性にあっていたのだろう。

同じ関西大学出身で田中の友人であった馬淵薫（木村武）が、入獄など戦前の共産党体験をもち、『マタンゴ』や『美女と液体人間』あるいは『フランケンシュタインの逆襲』のような暗い脚本を書くのとは対照的である。馬淵の原案を関沢新一が脚本にした『地球攻撃命令　ゴジラ対ガイガン』（一九七二）もあるのだが、売れない新怪獣を書く漫画家とか、子どもランドの偽ゴジラとか、関沢好みの話の展開になっている。

関沢は東宝ではアニメを書かせてくれないからと、会社に許しをもらって、わざわざ東映アニメで『ガリバーの宇宙旅行』（一九六五）と『少年ジャックと魔法使い』（一九六七）の二本の脚本を書いている。とりわけ『ガリバーの宇宙旅行』は、いちばん最後にロボットが二つに割れて、中から王女が出てくるという作品解釈を変える設定をしたのが、当時動画担当のひとりだった宮崎駿である。宮崎が頭角を現したアニメ作品としても知られている。

関沢は作詞の才能もあり、主題歌として、美空ひばりの「柔」や渥美清の「泣いてたまるか」なども書いている。ゴジラ映画でも、『ゴジラ・ミニラ・ガバラ　オール怪獣大進撃』（一九六九）で「怪獣マーチ」を書いた。この作品は『宇宙怪獣バイラス』と同じく過去の映像を多数流用し、主人公は小学生の一郎で、その夢のなかの話である。「怪獣マーチ」が「五、五、一、二、三」と始まるのは、前年の「ガメラマーチ」の「日、月、火、水」への関沢なりの応答だろう。

ガメラ映画は湯浅監督と高橋脚本とでファンタジー色を高めたが、それに対して、ゴジラ映画も関沢脚本、本多、円谷コンビの『怪獣島の決戦　ゴジラの息子』（一九六七）は、ゴジラ版『南の島に雪が降る』だが、教育パパのゴジラなど、当時の世相も取り入れて、人間化したゴジラになっている。それはガメラが、人類とりわけ子どもの味方となるのと同じ流れなのである。

【大映の最後を飾る】

湯浅監督は大映専属の映画俳優の子どもとして、二世としての扱いだった。身内で固めたいという大映の永田雅一の縁故主義の意向もあった。『宇宙怪獣バイラス』のいたずら好きの少年たちや、『ボクは五才』の太郎は、監督自身とも重なる点が多い。

湯浅監督は、昭和ガメラシリーズの後半で、湯浅監督が観客動員数が右肩下がりの「後退戦」をおこなうなかで、撮影所システムであるがゆえのプラスの面も引き継いでいた。撮影所の助監督として、清水宏、増村保造、川島雄三、島耕二、井上梅次、衣笠貞之助といった多くの傑出した監督の演出方法や考えを知ることができた。その上で、ヒットしてこそ自分の思いが通せるという、何でもこなす監督として映画からテレビまで生き延びることができたのだ。その意味で時代の申し子だったのである。

その湯浅憲明監督が作った関根恵子主演の『成熟』（一九七一）が、まさに大映最後の作品となった。大映は思わせぶりなタイトルで客を誘うようになる。眠狂四郎シリーズも、好色な女性の毒牙にかかりそうになりながら、それを避ける狂四郎が鍵となる。ガメラでも「お父さんのためのサービスカット」などと称して、あまり意味もなく八並映子の水着シーンを入れたりした（『深海怪獣ジグラ』）。

新人女優をどのような役につけて顔を売り出すのかは、社員監督として重要な使命だった。湯浅監督は「軟体動物シリーズ」の『いそぎんちゃく』（一九六九）でデビューすることになる渥美マリを、すでに新人時代に、『宇宙怪獣バイラス』でボーイスカウトの指導員の一人として使っていた。さらに、渥美の主演で『あなた好みの』とか『裸で抱っこ』といったお色気映画を監督している。

そして、『高校生ブルース』で鮮烈なデビューをした関根恵子を主演に、『樹氷悲恋』と『成熟』を撮ったのである。『成熟』は、山形県鶴岡市とタイアップをして、ロケを敢行した作品である。結婚相手が決まっている農業高校生のヒロインと、祭りで知り合った水産高校生の恋人（篠田三郎）との三角関係、さらにはヒロインの婚約者が好きで、別の祭りで結ばれる女子学生（八並映子）を含めた四角関係を描く作品だった。関根恵子は篠田三郎とのコンビで、海と陸との対立も描かれるが、最後には二組のカップルができてめでたく終わる。この作品の完成封切りが十月で、それが大映の最後の完成作品となったのだ。外様の監督ではなくて、大映東京という撮影所の申し子である湯浅憲明監督の作品で終わったのが、運命的にも見えるのだ。

決して押しつけられたからというのではなく、湯浅監督はアイドル映画を得意としている。それも不思議ではない。なぜなら、アイドルと怪獣は同じというのが持論だったからである（『ガメラ創世記』）。おかげで、テレビに移っても、岡崎友紀（『おくさまは18歳』）や大場久美子（『コメットさん』）といったアイドルを中心においたテレビドラマを作れたのも、一カットしか動けない怪獣とアイドルが同じという考えからだった。それは清水宏監督の「役者なんか物言う小道具」という突き放した見方にも通じるのである。

本多猪四郎監督も島倉千代子を主演にした『東京の人さようなら』（一九五六）、加山雄三主演の『お嫁においで』（一九六六）という歌謡映画もある。それは円谷英二の特撮だけでなく、ゴジラ映画にアイドル映画的要素があることにつながるのだ。しかも、これはなかなか興味深い問題であり、アイドル好きでアイドル映画を得意とする金子修介監督の平成ガメラ三部作へとも結びついていく。「アイドル＝怪獣論」の系譜に関しては、第6章でもう少し深めたい。ここでは、湯浅監督の特徴の一つにアイドル好きがあり、それが、ガメラ映画の成功に貢献したとだけ指摘しておきたい。

（★5）西部劇などでおなじみである。たとえば、『OK牧場の決闘（決斗）』（一九五七）では、タイトルシーンで、馬に乗った三人の男が、フランキー・レインの歌うティオムキンの曲の主題歌とともに、トゥームストーンへとやってくる。途中で歌詞の三番目に「ブーツ・ヒル」という墓地が出てくると、映像もそれと連動して墓地を映す。また、『夕陽の用心棒』（一九六五）では、タイトルシーンの殺害と、ジュリアーノ・ジェンマが去っていく後ろに、エンニオ・モリコーネの曲に歌詞をつけた主題歌が流れる。歌詞の内容は主人公のリンゴは「天使の顔をもつ」というものだった。

第4章 ガメラの継承と復活

【大映から徳間へ】

一九七一年の倒産によって、大映に関わったスタッフたちは散っていくことになる。たとえば、中島賢は、九州支社の宣伝課長から、七一年にダイニチ配給に出向していたときに大映倒産を迎えた。そして、一年間の残務整理をしたあと、玩具会社や建設会社と映画とは別畑を歩いたのである（『スタアのいた季節』）。映画製作陣も散ってしまった。すでに湯浅監督も社員監督から、一本ごとの契約監督となった。

ただし、大映そのものが、新興映画や大東映画など複数の映画会社を吸収合併したもので、映画会社の離合集散は珍しくない。戦時中に国策で映画の配給が紅白二系列に整理されたとき、永田雅一がまとめて大映を設立して生き残りを図ったのである（清水晶他『日米映画戦』）。戦後も、永田は、新生の日活が他社から人材を引き抜くのを防ぐ目的で、俳優やスタッフの専属性を厳守する五社協定（大映、松竹、東宝、東映、新東宝）を結ぶのを主導した。のちには日活も加わって、スターを引き抜いたりしない約束を六社が交わしたのである。新東宝が潰れてまた五社に戻ったので「五社協定」とも「六社協定」とも呼ばれる。

そこで、必要なときに他社の専属スターを借りたお礼に、その他社で監督をするお礼奉公が当たり前になった。松竹の小津安二郎が、山本富士子を借りたお礼に『浮草』（大映）を、司葉子を借りたお礼に『小早川家の春』（東宝）を製作したのである。結果として松竹の小津とは違うテイストの作品が残ったわけだ。『浮草』には大映専属の役者が使われたので、湯浅監督の父親である星ひかるや、『ギャオス』の熊こと丸井太郎、『バルゴン』で老酋長をやったジョー・オハラも出ている。彼らは五社協定がなければ、小津映画に顔を出す機会もなかったであろう。

けれども、こうした好例だけでなく、悲劇につながることも多い。大映の看板俳優だった山本富士子や田宮二郎は、永田雅一の逆鱗に触れて人生が変わってしまった。山本はフリー宣言をした後、映画に出る機会を永田に潰され、テレビドラマと演劇に専念する道を選んだ。また、田宮は映画『不信のとき』（一九六八）でのタイトルの序列問題から衝突してクビとなり、東映の映画に出る機会もあったがヒットせず、テレビドラマの『白い巨塔』（一九七八―七九）の放映中に心的病いからライフル自殺をしてしまった。

造形などのスタッフも同じで、ガメラの造形を担当した村瀬継蔵は、「協定」が怖いので、東宝のスタッフとの接触にはぴりぴりとしていたという（『ガメラ創世記』）。大企業の系列と同じであり、倒産によって関連企業も煽りを食ったのである。

そして、一九七四年に徳間書店傘下で大映が復活した。倒産後の大映の映像資産を継承したのは当時メディアミックスを広げていた徳間書店だった。徳間康快自身が、映画の夢をもち、高倉健主演の『君よ憤怒の河を渉れ』（一九七四）が中国でヒットしたのを受けて、日中関係を囲碁で描く『未完の対局』（一九八二）を完成させた。徳間時代の時期に、湯浅監督と脚本家の佐々木守が、『大魔神』をテレビドラマ化しようと画策したがうまくいかなかった。また映画化も試みられていて、筒井康隆による脚本が残っている。大映にとってガメラよりも大魔神復活のほうが、はるかに重大な案件だったのである。

【テレビへの移行】

大映倒産につながる動きは、テレビという新しいメディアの台頭が原因なので、映画製作のスタッフたちも、同じ苦境にあえぐ他社への移籍でしのげるわけではなかった。大映と日活は、映画配給の省力化を目指して、ダイニチ配給という合同会社を作って延命を図ったが、日活はロマンポルノ路線へと舵を切り、市川雷蔵というスターを失った大映は倒産してしまった。雷蔵も、永田雅一の養女と結婚するという身内の縛りのせいで病をおして映画に出続けなければならなかったのだ。

映画産業や撮影所のこうした凋落は、日本だけのことではない。ＭＧＭのミュージカルの黄金時代を紹介した『ザッツ・エンタテインメント』（一九七四）も、当初テレビ特番として企画された。そして、フレッド・アステアとジーン・ケリーが案内人となって紹介するＭＧＭのスタジオの荒廃ぶりは、往年のファンには衝撃的な光景だった。あの『オズの魔法使』のように、灰色の現実と、ニュープリントのテクニカラーによる過去の映像の鮮やかさとの対比が際立ったのである。

そのため撮影所のスタジオを使って、新しいテレビ作品が考え出されていく。ユニバーサル映画からは、たとえば『刑事コロンボ』（一九六八―七八）が生み出された。主演のピーター・フォーク自身が、映画とテレビをうまく生き抜いた俳優だった。そして、のちに映画で活躍するスティーヴン・スピルバーグやジョナサン・デミなど若手が演出をして腕を磨くとともに、レイ・ミランドやアン・バクスターなど往年の映画俳優たちがゲストの犯人役として登場する。映画の遺産をどのように活用するのかをめぐっては、テレビ業界に映画の人材が入っていくことで、新たな可能性を見出したのである。

大映のテレビ部門だった大映テレビ室が、倒産前の一九七一年に大映テレビとして独立した。数々のヒット作を作り、一九八〇年代に、「大映ドラマ」として、春日千春プロデューサーのもとで人気を得た。山下真司が演じる熱血教師のもとで荒れた高校のラグビー部が名門になっていく『スクール☆ウォーズ』（一九八四―八五）、逆境の少女を山口百恵が演じた『赤い迷路』（一九七四―七五）に始まる「赤いシリーズ」は有名である。

湯浅監督も仕事場をテレビに移し、岡崎友紀で『おくさまは18歳』（一九七〇―七一）とか『ママはライバル』（一九七二―七三）、さらに木之内みどりで『刑事犬カール』（一九七七―七八）や、大場久美子で『コメットさん』（一九七八―七九）などの演出を手がけることになる。アイドルを使って明るいコメディタッチの作品を生み出してきた。これは「アイドル＝怪獣論」の実践でもあった。そして、それぞれのアイドルの代表作となっているのである。

【大映の特撮と造形】

大映の特撮も、そもそも手本がなかったので、円谷英二から発していた。公職追放中だった円谷を招いて、大映で『透明人間現わる』などの作品が作られた。円谷本人は透明人間の表現に不満をもっていたらしく、のちに東宝でリメイクを試みた。円谷は下請けのままで、大映入社の機会を得ずに、東宝へと戻ったのである。

そして円谷の衣鉢を継いで、築地米三郎と的場徹が特撮を担当したのが『宇宙人東京に現わる』

（一九五六）であった。岡本太郎がデザインしたヒトデ型の目玉が特徴のパイラ星人は、人間が下に入っていることが見て取れるのが難点だったが、太陽の塔並のインパクトがあった。そして天体Ｒの接近によって、高潮が発生したり、堤防が決壊するといった特撮実写フィルムを合わせる手法が採用された。

その後、的場は『鯨神』（一九六二）の特撮を担当した。原作は、のちに官能小説で活躍することになる宇能鴻一郎の芥川賞受賞作。九州を舞台にした土俗性に満ちた作品で、主演はガメラ映画でおなじみの本郷功次郎だった。ジョン・ヒューストン監督の『白鯨』（一九五六）を念頭においていたように、実物大の鯨の模型に乗り移ったり、ミニチュアの鯨を海に見立てたプールの上で動かしたりした。その後、的場は大映を退社して、円谷に招かれて、『ウルトラＱ』や『ウルトラマン』の特技監督を担当した。ガラモンの特徴的な動き、バルタン星人の分身場面などで長く記憶されるようになった。

また、『大怪獣ガメラ』を担当した築地米三郎の代表作の『風速七十五米』（一九六三）は、戦前のジョン・フォード監督の『ハリケーン』（一九三七）のような激しい場面を再現したかったのだろう。フォード映画では、木にしがみつた三人の人間に強い雨風がぶつかるのが印象的である。それにタイトルからすると、日活映画の『風速40米』（一九五八）で台風のなかでビルを守るのを意識している。『風速七十五米』では、危険にさらされるのはビルの上のネオンサインに変わっている。特撮が登場するのは、最後の台風の場面だけであり、これはガメラ映画で、特撮を四ヶ所といった割り方をするのとはまったく異なる手法だった。

日劇などの一帯が波に襲われるミニチュア撮影と、実際に０メートル地帯が水没する実景が組み合わされ、さらに暴風雨のなかで、吹き飛ばされそうになるようすをフォード映画のように再現していた。

築地米三郎は、『大群獣ネズラ』の発案者でもあったのだが、企画が失敗に終わったので、それだけ『大怪獣ガメラ』の実現に熱を入れたわけである。築地によると、『大怪獣ガメラ』が白黒になったのは、予算の制約もあったのだが、会社側はカラー撮影を主張していたにもかかわらず、特撮の粗が見えるのであえて白黒にした、と証言している（『ガメラから大魔神まで』）。築地はテレビの国際放映へと移り、九重佑三子版の『コメットさん』（一九六七―六八）の特撮を担当する。実写とアニメを合成したディズニーの『メアリー・ポピンズ』にヒントを得た作品らしく、実写、セルアニメ、クレイアニメを組み合わせた表現になっていた。そして、『メアリー・ポピンズ』のポスターは、平成ガメラ三部作の「巫女」である草薙浅黄の部屋のドアに貼られていた。浅黄を演じた藤谷文子は、子どもっぽさをもった彼女のキャラクターを示すと受け止めていた（『パーフェクション』）。

もちろん特技監督は、怪獣のデザイン、造形、操演、着ぐるみ撮影などさまざまな部門を統括していかなくてはならない。そのために分業化が進んでいく。ガメラや相手の怪獣のデザインを担当したのは、美術の井上章だったが、それを実際に造形したのは、村瀬継蔵や八木正夫だった。八木は大映を退社後、エキス・プロダクションという造形の会社を作り、ガメラを担当する。八木の父親の勘寿は乃村工藝社で、博覧会用の人形などを作っていた（『クロニクル』）。さらに息子の宏はギャオスを担当し、もうひとりの息子の功も『宇宙怪獣ガメラ』に関わった。いわば三代にわたって造形をやってきたのである。

こうしてガメラで培われた技術が、のちにエキス・プロダクションが担当した仮面ライダーの怪人たちの造形などに流れ込んでいった。大映が倒産したことで仕事を失った人もいたが、関連していた人々は新天地を求めて、新しい仕事に向かった場合も多い。負の面だけでなく、そうした形で技や知識も広がったと考えるべきである。文化の継承や伝播には、積極的に売り込んだり、取り込んだりするだけでなく、このように余儀なくなされた場合もあった。技術や文化が移転する理由は単純ではない。

そうした流れのなかで、的場徹は、『ウルトラQ』などの特技監督を務めたが、それだけではなく湯浅監督も『ウルトラマン80』（一九八〇―八一）のメイン監督を務めたり、大場久美子版の『コメットさん』で視聴率をあげてほしいというTBSの要請を受けて、ウルトラマンレオが登場する「ウルトラマンと怪獣アカゴン」という回を作ったりした（『ガメラ創世記』）。大映と東宝（というより円谷プロ）との関係はけっして単純なライバル関係ではなかったのである。

【ガメラの復活と失敗】

徳間傘下で再建された大映によって、湯浅監督、高橋脚本、菊池俊輔音楽の組み合わせによる『宇宙怪獣ガメラ』（一九八〇）が製作、公開された。それは、ガメラが戦う特撮場面をすべて過去映像で間に合わせるという驚くべき内容の作品だった（★6）。『宇宙怪獣バイラス』で過去映像を使ったとはいえ、バイラスとの戦いは新しく撮り直していた。今回、空を飛ぶガメラが一体新作され、ショーで使う着ぐるみのガメラの足などを再利用してはいた。ところが肝心のガメラと戦う相手の怪獣は、過去のものばかりだったのだ。

人間ドラマは、圭一というガメラ好きの少年と、マッハ文朱の演じるペットショップのオーナーを中心に話が進む。車両はマツダとタイアップして、営業所の駐車場の一角に停めてあり、また日本楽器（ヤマハ）のエレクトーンを主人公が演奏したり、物質転送装置などのコントロール装置として使われた。ペットショップも実在する店を利用していた。いかにもお金をかけずに映画を作り上げた感じが出ている。

宇宙海賊のザノン号が地球を襲うためにやってくるというストーリーだった。このザノン号はどこから見ても『スター・ウォーズ』のスター・デストロイヤーであった。しかも、宇宙空間でガメラとの戦闘があるわけではない。少年マンガと同じくらいガメラ好きの圭一少年という設定も、ガメラの新作が十年近くなかったので、どこか空しいのである。

しかもマッハ文朱演じるペットショップのオーナーは、キララという平和星M88宇宙人で、地球人としての名前はなさそうだ。圭一も「お姉さん」と呼ぶだけだ。キララの仲間も、ミータンはマツダの営業所で働いていたり、マーシャは保育園に務めている。彼女たちは変身すると自由に空を飛べるという設定だった。そして、ザノン号から派遣されたギルゲという秘密工作員が、キララたちを発見して、ガメラも含めて全員を倒そうと活躍する。

ガメラを見せてあげると誘惑したギルゲに、圭一は「いい宇宙人」か「悪い宇宙人」かと問いかける。この二分法で納得するのはもはや小学校の低学年だけであり、こうした二分法自体が東西の冷戦的な発想の遺物にも見えてきてしまう。そして、すでにウルトラマンや仮面ライダーといった特撮シリーズもので、金城哲夫や市川森一などが、繰り返し敵味方の二分法への疑念を描いていたことを忘れるわけにはいかない（切通理作『怪獣使いと少年』、宇野常寛『リトル・ピープルの時代』）。

ガメラ映画の過去を改変するように、子どもの味方のガメラが地球を破壊するはずはないとする。

そこで、ザノン号がガメラに打ち込んだ脳波コントロール装置の悪影響で、『大怪獣ガメラ』の地熱発電所や、『バルゴン』の黒部ダムを攻撃する場面が映し出される。当初のガメラはあくまでもエネルギーを求めて人類に被害を与えていた。ところが、今回のガメラは宇宙人にコントロールされて悪事をおこなったと、映像の意味が逆転してしまう。

最後にザノン号からの攻撃を、秘密工作員として入り込んでいたギルゲが受け止めて、キララたちの代わりに死ぬ。それは戦いで負けたときに自分を殺さなかったキララへの罪滅ぼしの意識からの選択だった。また、ガメラも地球の平和を守るために、ザノン号と激突するのである。その意味では、宇宙戦艦ヤマトもかくや、という壮絶な死なのだが、その場面からカタルシスを得ることはなかった。もはや宇宙人から地球人に変身しなくてよかったね、と言って、圭一はキララたちといっしょに空を飛ぶのである。

『宇宙怪獣ガメラ』の失敗の理由はいくつかある。ガメラを全面的に信頼する圭一は、マッハ文朱のキララを「お姉さん」といって、例によって高橋脚本は「姉と弟」的な位置にとどまる。湯浅監督も、大映テレビでの人物の顔をアップする「寄りの絵」の多用に慣れていて、映画的手法を採用していない。ワイド画面なのに、主人公たちは、公園や駐車場で変身したり、敵のギルゲと戦う。その際に、予算の関係なのか通行人や周囲の人物がまったく姿を見せない。テレビの特撮ドラマが、戦闘場面を人気《ひとけ》のない工場やビルで撮影しているのと似た印象を与える。怪獣特撮映画につきものの群衆シーンがないので映像に迫力が欠けるのだ。

さらに、ガメラの活躍を、圭一とキララたちがテレビでいっしょに見るように、お茶の間の光景であり、動きが乏しいのである。それに対して、彼らが観る過去映像のガメラがバイラス、ジャイガー、バルゴンなどと戦う場面では、カメラも横移動をしてセットも奥行きを見せている。テレビと映画の撮影手法や画面構成の違いがかえって際立つのである。

また、パロディといっても、『スター・ウォーズ』の宇宙船を単に模倣することは、パロディではない。「宇宙怪獣」とつけても宇宙空間でのガメラの活躍がないのは、羊頭狗肉といえるし、そもそも宇宙怪獣とはバイラスを指すはずだった。そして、唯一笑わせようとして、ガメラが歩く足元で、『さらばドジラ』というゴジラ映画のパロディの映画ポスターが貼られている場面が出てくるが、まるで「さらばガメラ」と言っているようにさえ見えてくる。

【八〇年代の変化のなかで】

湯浅監督は、『宇宙怪獣ガメラ』ではガメラ映画のかつての興奮や人気を取り戻すことはできなかった。特撮部分が旧作の使い回しでは最初から勝負があったし、『スター・ウォーズ』の宇宙船だけを真似たり、『こちら葛飾区亀有公園前派出所』や『キン肉マン』を雑誌のマンガのまま見せたり、『宇宙戦艦ヤマト』と遭遇させても、それぞれの本物を知っている子どもたちにアピールするはずもなかった。

だが、湯浅監督が、同じときに『ウルトラマン80』のメイン監督を務めたことは重要だろう。長谷川初範が高校教師のウルトラマンを演じているが、これは『3年B組金八先生』のような学園モノがはやっていることを考慮してだった。平成ガメラ三部作で、長谷川は佐竹一等陸佐で二回登場するが、こうした縁があったのかもしれない。それにしても、ウルトラマンの湯浅演出というのは、かつてのガメラ映画とゴジラ映画のライバル関係を考えると隔世の感もある。東宝＝円谷的ではない怪獣の追求が、大映のガメラ映画の誇りだったからだ。

この時期、東宝のゴジラ映画は沈黙していた。本多猪四郎は『メカゴジラの逆襲』（一九七五）以降、監督業は休止し、黒澤明の演出補佐をするだけになった。また、円谷英二は一九七〇年に亡くなって、円谷特技プロダクションや東宝の特撮部門も有川貞昌、中野昭慶、川北紘一といった新しい世代へと移っていた。そして、『日本沈没』（一九七三）や『東京湾炎上』（一九七五）などの特撮を使った映画へと向かったのだ。だが、そこにあるのは地震などの自然災害やテロリストによる事故であり、怪獣による破壊ではなかった。

ようやく登場した、平成ゴジラシリーズ第一作ともされる一九八四年の『ゴジラ』は、三十周年を記念したものだった。もはや冷戦の緊張感ではなく、日本が米ソの対立のなかでキャスティングボードを握るという空想を描き、核ミサイルでのゴジラ攻撃の失敗のあと、伊豆大島の三原山の火口に、音波でゴジラを誘導するというのは、明らかに『大怪獣ガメラ』の海上の火によってガメラを誘導する話の焼き直しでもある。これは『さらばドジラ』という『宇宙怪獣ガメラ』での当てこすりへの痛烈な応答になっていた。だが、その一方で子ども向けということで、自衛隊の主力武器として、スーパーXのような空想兵器の投入が、どこか現実感を損ねていた。

映画だけでなく、テレビの特撮やアニメーションで育った世代が成熟していき、次の製作の担い手になっていた。彼らは、新しいリアリティを求めていた。そして、子ども向け作品と思われていたジャンルを、大人向けの商業映画として読み替える可能性は、一九七七年の『スター・ウォーズ』の大ヒットから始まった。『２００１年宇宙の旅』や『猿の惑星』から十年経って、エンターテインメントとして、戦前のジャンルで、古臭いと思われていたスペースオペラに新しい衣をつけて蘇らせたのだ。湯浅監督が『宇宙怪獣ガメラ』で読み間違ったのはその点なのである。

同じようにヒーローコミックスも読み替えられ、一九八九年に、鬼才ティム・バートン監督の『バットマン』として、実写版映画として公開された。『バットマン』というＤＣコミックスの古典的作品がもつ世界観を読み直し、整理し、意味づけることを目指していた。日本の怪獣ブームの頃作られたテレビドラマの『怪鳥人間バットマン』（一九六六―六八）は、コメディタッチで、マンガのままの擬音が画面に文字として登場するなど、シリアスな面はほとんどなかった。バートンはゴジラ好きで、『シザーハンズ』（一九九〇）で、主人公はゴジラの形に庭木を刈ったりする。またバートンが自作をリメイクした『フランケンウィニー』（二〇一二）では、ガメラのパロディとなる怪獣が姿を見せる。そうしたバートンが、『バットマン』を一から読み替えたのだ。

バートンの映画『バットマン』は、ゴッサムシティの暗さを、冷戦が終わりつつあってもそのまま維持されるアメリカ内部の暗さとして描ききったのだ。それは、単にソ連などの外部の敵による核戦争の恐怖とは異なった内なるものへの怯えでもあった。テレビ版でジョーカー役だったのは、『緯度０大作戦』で悪の科学者を演じたシーザー・ロメロで、身振りも大げさで、子どもにもわかりやすい演技をしていた。ところが、映画版のジャック・ニコルソンは『シャイニング』のような狂気をはらんだ役へと解釈を変えていた。それはマイケル・キートンのバットマンが、内部にジョーカーと同じような逸脱した部分を抱えるヒーローであり、敵味方が互いに類似性をもつのが重要だったのである。

こうしたバートン映画の流れは、原作の『バットマン』が、八〇年代に大人向けに仕立て直すために、ダーク・ナイトつまり「暗黒の騎士」としてのバットマンの面を掘り下げて、リアルにしていった延長にある。そしてＤＣコミックスそのものに、フランク・ミラーやアラン・ムーアといった新しい才能が入ったことで、大人向けに刷新する流れができていたのだ。

バートン監督版以降のスーパーヒーロー物は、もはや前に戻ることはできなくなった。このあたりのジレンマを描いているのが、Ｍ・ナイト・シャマラン監督の『アンブレイカブル』（二〇〇〇）である。アメコミの世界を本当と信じるコレクター、大事故の生き残りをスーパーヒーローと信じ込む少年、生き残りの当事者の三者をめぐる行き詰まるような展開は、無邪気なヒーロー賛美の時代の終わりを告げていた。

アメコミやハリウッドのこうした変化に敏感だったのが、昭和の特撮やアニメで育った世代であり、しかも映画の撮影所以外のルートで映画製作へと参入した人々だった。金城哲夫や市川森一や佐々木守などの脚本により、敵味方の線引の難しさを知った子どもたちは大人になって、バートン監督のように過去の作品を読み直す必要があったのだ。ガメラが復活するためには、湯浅監督など昭和ガメラの担い手では、残念ながら無理だったのである。

平成ガメラの中心となったのは、八〇年代に活躍を始めた若手たちだった。脚本を担当した伊藤和典（一九五四年生まれ）は、テレビドラマの助監督から、アニメの進行を経て、脚本を書くようになった。押井守作品のアニメ版『うる星やつら』（一九八一）で知られるようになり、そのあとＯＶＡの『機動警察パトレイバー』（一九八八）などで名声が確立した。やはり、押井守の『紅い眼鏡』のような実写映画も担当し、ドラマとアニメの両方をこなす脚本家であった。

特技監督の樋口真嗣（一九六五年生まれ）は、八四年の『ゴジラ』に特殊造形助手として参加してから、ＤＡＩＣＯＮ　ＦＩＬＭで、『八岐之大蛇の逆襲』（一九八四）の特撮を担当した。それとともに、『王立宇宙軍　オネアミスの翼』（一九八七）の助監督や『ふしぎの海のナディア』（一九九〇―九一）などで絵コンテや監督を担当した。実写もアニメも両方できるのが樋口の特徴でもある。この技能はティム・バートンなどと共通する。

そして、全体を統括したのが、監督の金子修介（一九五五年生まれ）で、金子は日活に入り、ロマンポルノ『宇能鴻一郎の濡れて打つ』（一九八四）でデビューする。その宇能鴻一郎の芥川賞受賞作である『鯨神』を特撮で撮ったのが大映だったし、その意味でもガメラへと向かうのは運命だったのかもしれない。金子監督のガメラやゴジラ映画の特徴については第6章で考えたいと思うが、ともあれ、この八〇年代半ばに頭角を現した三人の手になる平成ガメラ三部作へと話を移そう。

（★6）じつは『深海怪獣ジグラ』の続編も考えられていなかったわけではない。『ガメラ対双頭怪獣W（仮題）』という企画があったらしい。高橋二三が後になって「次回作」と問われて、即席で『ガメラ対大邪獣ガラシャープ』と題して、イメージを出し、ミニチュアやイラストでシミュレーションしたものがLD―BOXのために作られた。ガラシャープは新宿を襲う双頭の怪獣で、最後にガメラがガラシャープの子どもを南の島へと残すという展開で、『大魔獣ジャイガー』で試みられたガメラと他の怪獣の共存というテーマをもつ企画である（『クロニクル』、『ガメラから大魔神まで』）。

第5章　平成ガメラ三部作の戦果

1　『ガメラ　大怪獣空中決戦』と原発時代の怪獣

【ガメラ再始動】

一九九五年三月十一日に、『ガメラ　大怪獣空中決戦』（『ガメラ1』）が公開された。東日本大震災を経た現在だと、何やら暗示的な日付に思える。しかも、阪神淡路大震災が同年の一月十七日に起きていたし、公開中の三月二十日に、地下鉄サリン事件が起きている。さらに、先行していた平成ゴジラシリーズは、この年の十二月九日に公開された『ゴジラvsデストロイア』で幕を閉じたのである。そうした世相のなかにあって、平成ガメラは新しい道を歩き始めた。

東宝怪獣ファンであった金子修介監督は、以前からゴジラ映画を監督することを望んでいたが、その熱意を大映が知るところとなり、新作のガメラ映画の監督として迎え入れられた。金子監督が熱烈なガメラファンというわけではなかったおかげで、湯浅監督の路線とは異なったガメラ解釈を持ち込む余地が生まれた。それはシリアスなガメラという路線の追求である。コメディ路線さえも考えられたようだが、大映側がすでに開発していた小中兄弟と岡田恵和のそれぞれによる二本の脚本ではなく、伊藤和典を脚本家に選んで、新たな物語を立ちあげたのである（『パーフェクション』

『ガメラ監督日記』)。

一九八四年の復活『ゴジラ』がそうであったように、シリーズもので過去の作品を「リブート」する場合には、前作までの世界観を捨てる必要がある。今回も昭和ガメラの単純な続編ではないことの証として、いくつかの前提がリセットされた。

第一に、映画内の世界が、初めてガメラと遭遇したので、最初の時点で名前はない(とはいえ観客はガメラと認知できるのがリセットの重要な利点である)。あくまでも観客が実物に遭遇したあとで名前が付けられる。『大怪獣ガメラ』では、エスキモーの老酋長が「ガメラ」という名を教えてくれた。今回はガメラを封印していた碑文に、ピレネーあたりのルーン文字の亜種で書かれた内容が、「最後の希望・ガメラ」と残されていた。そして、「災いの影」であるギャオスがいることも明確になる。最初から敵対する怪獣として、ガメラとギャオスが位置づけられ、単独怪獣ものではなくなったのだ。

第二に、無条件にガメラが「子どもの味方」であるという立場をとらない。そもそも、小学生以下の子どもがほとんど画面に出てこない。昭和ガメラが、『バルゴン』以外で、子どもを中心に据えていたのとは大きな違いである。大人向けにリセットした一九八四年の『ゴジラ』が念頭にあったのだろう。

唯一登場したともいえるのが、ギャオスが福岡ドームから逃げ出し紀伊半島を過ぎて木曽山中で暴れたときであった。ギャオスを追いかけている鳥類学者の長峰が、逃げ遅れた村の男の子を抱きかかえて、渓谷に掛かる橋を渡る。ところが、途中で倒れてしまい子どもの泣き声にギャオスが感づいて襲ってきたのを、ガメラが助けてくれる。救出されて母親のもとに戻った男の子は、ガメラに対して「ありがとう」とか「がんばれ」と言って手を振りはしない。泣きべその顔で呆然として見送るだけだった。

【原爆から原発へ】

第三のいちばん大きな変更は、『大怪獣ガメラ』のガメラが、冷戦の原爆により北極の氷の下から目覚めた、という設定が消えたことだろう。核戦争の恐怖はもはやリアリティを失っていたのだ。その代わり、一九九〇年の湾岸戦争のように、冷戦終結後の課題は、多国籍軍対一国の戦い、あるいは頻発する宗教テロリズムであった。一九九五年三月の地下鉄サリン事件も、国際的には、宗教テロリズムの一種とみなされたことを忘れてはならない。ジェームズ・キャメロン監督の『トゥルーライズ』（一九九四）が、アラブ系テロリストによるアメリカ国内での原爆の奪取とフロリダ沖での核の爆発という展開になったのが、冷戦後の大きな変化だった。警戒をする相手は、もはや鉄のカーテンの向こうにいる共産主義者とは限らなくなっていた。

『ガメラ1』は、プルトニウム輸送船「海竜丸」と、それを警護する海上保安庁の巡視船「のじま」が太平洋上のフィリピン海溝の東を航行する姿から始まる。主人公は、のじまの一等航海士の米森だった。米森が当直している夜中の一時半に、「海竜丸」が「東経百三十度五分、北緯四度三十分」の水深三千メートルの海上で座礁した。だが、自分の方から船と離れていったので、六十メートルの大きさの漂流環礁とされた。もちろん、観客は海の底から見上げるカットで、黒い影とともにタイトルが出て、封印されたガメラだとすぐにわかるのだが。

カメオ出演で、巡視船のじまの船長を本郷功次郎が演じている。「一トンのプルトニウムで長崎型の原爆なら百個作れるそうだな」と口にする。それに対して、米森はプルトニウムを「百万分の一グラム吸い込んだだけで癌になる」と説明するのだ。もう一方の海竜丸の船長を、『マタンゴ』や数々のゴジラ映画で活躍した久保明が演じている。しかも久保は、東宝映画のガメラへの応答ともいえるカメーバが出た『ゲゾラ・ガニメ・カメーバ　決戦！南海の大怪獣』（一九七〇）の主役でもあった。海竜丸の船長は「積荷を守れ」と指示を出す。この場面からだけでも、「ガメラ＋ゴジラ」の連携があり、同時に原爆ではなくて、原子力発電が鍵となるとわかってくる。

『大怪獣ガメラ』の某国による原爆や、初代『ゴジラ』の核実験という導入では、物語を開始できなかった。すでに原発は、日本の日常的な風景になっていた。『ガメラ1』での大量のプルトニウムを厳重に管理して輸入する話は、一九九三年に福井の高速増殖炉の「もんじゅ」のために、一・五トンが運ばれてきたことが念頭にあったのかもしれない。しかも、九五年にもんじゅはナトリウム漏れで運転を停止したがその後も事故が続き、一兆円の国費を投じた後で、現在は廃炉が決まっている（日本原子力委員会「日本のプルトニウム利用について」二〇一七年十月）。原爆への転換も可能なプルトニウムは、ＭＯＸ燃料として発電に利用されずに国内に大量に蓄積されている。

近代産業にとり必要な発電用のエネルギー源は、石炭から石油、さらに原子力へと転換していった。ガメラはすべてを好物としていたが、平成ガメラ三部作では「火喰い亀」という設定は利用されない。『ガメラ1』では、攻撃を受けたガメラが瀬戸内海に隠れ、エネルギーをチャージするために「瀬戸内一帯の電力低下」を招いた。今回のガメラは電気エネルギーを直接取り込めるようだ。最後に東京湾の石油コンビナートでの火災や爆発のなかをガメラが歩くシーンは、この映画の特撮でも屈指の出来なのだが、核爆発や臨界とは異なる、炎上するものとして石油が描かれている。

石油を巡っては、一九七三年に、ＯＰＥＣが原油価格を値上げしたせいで、第一次石油危機（オイルショック）が起きた。日本は石油依存社会になったために、エネルギーの枯渇が社会的な混乱を招くことを示していた。オイルショックは、発電における主力を石油から原子力へと転換する政策の追い風ともなった。そして、原油の輸送の確保に関して、一九八一年の鈴木内閣で出され、その後中曽根内閣で固まる「シーレーン構想」や、一九九一年のペルシャ湾への自衛隊の掃海部隊の派遣といった安全保障政策の転換とつながったのだ。『ガメラ1』には、冷戦後の平成になってからのこうした姿勢が、海上保安庁や自衛隊の撮影協力もあって、ほどよく盛り込まれていた。

ガメラと遭遇しながらも、正体を知りたいと思っている海上保安庁の一等航海士の米森が、海竜丸を担当した八洲海上保険の草薙に調査に参加させてほしいと願う。海難事故であり、原因が不明なので、保険会社が調査に乗り出す。米森は調査船「けんざき」に同行することになった。漂流環礁つまりガメラは海流に乗ってしだいに日本に接近しているとして、台湾の東側の海域が現在地として予測される場所となった。この草薙の娘が、ガメラと「通信できる」浅黄だった。

【ギャオスと繁殖】

南からの暖流が洗う長崎の五島列島にある姫神島が、ガメラの敵となるギャオスの生息地となった。八千年以上眠っていた卵が孵化して、最初の三頭のギャオスが姿を見せる。ギャオスが複数いることは、宇宙ギャオスが飛び交う『大悪獣ギロン』で示されていたが、ここでは卵も含めて、繁殖のようすがはっきりと表現された。

ヒロインである長峰真弓は、福岡市動植物園に勤務している鳥類学者である。彼女のもとに長崎県警の大迫刑事が訪ねてきて、姫神島への調査への同行を求められる。到着した島の破壊された家屋の間で、未消化物を吐き出した巨大なペリットと出会い、彼女の恩師の平田教授の万年筆や眼鏡を発見したことで、長峰たちは人を食べるギャオスの存在を確認する（平田教授の名は平田昭彦に由来するし、『ガメラ2』には田崎潤をあてこんだ田崎長官という名も出てくる）。昭和ガメラのギャオスは血を吸うだけだったが、平成ガメラのギャオスは歯も生えた肉食の「鳥」であった。そこで、ギャオスを福岡ドームへと誘導し、肉に混ぜた睡眠剤で捕獲する作戦が立案されたのである。

ギャオスの生息地として架空の姫神島が設定された五島列島は、海外に開かれた交易地として、昔から知られる。二〇一八年に「長崎と天草地方の潜伏キリシタン関連遺産」の指定に五島列島が含まれたのも、教会群とキリシタン関連の歴史をもつことが根拠だった。『ガメラ2』の「レギオン」が聖書のマルコ伝からとられたことを考えると、こちらとのつながりが深いようにも思える。

また、一九八九年から「上五島国家石油備蓄基地」として、洋上のメガフロートに、日本の全消費量の一週間分にあたる量が備蓄されている。これも原発と並んでオイルショックの産物だった。北九州若松の白島、鹿児島の志布志湾がこれに次ぎ、九州全体が石油備蓄基地になっている。タンカーが寄港するのに、ペルシャ湾にいちばん近い場所だからだろう。九州は大陸や半島に近く、古代の防人の昔から日本の安全保障上の要となる土地でもある。戦闘機から軍艦までの軍事用の燃料確保の観点からも、石油備蓄基地が不可欠に思えたのだ。

昭和ガメラの『ギャオス』では、富士山麓の山梨がギャオスの生息地だったが、九州に変更されたことで、全体が『空の大怪獣　ラドン』（一九五六）の書き換えとして読めてくる。ギャオスの造形は、三角翼の戦闘機を想定していたし、ラドンと同じく超音速で飛ぶことのできる怪獣でもあった。もちろん、ガメラも「マッハ3」で飛ぶと歌にもあるように超音速飛行をする。『ラドン』の舞台となったのは、阿蘇近くにあるとされる架空の炭鉱だが、撮影された場所は長崎県の北松炭田だった（榊正澄「劇映画に登場する炭鉱労働」）。「軍艦島」の名で知られる端島や高島炭鉱のように海底にまで石炭層が伸びていた。そして、現在メガフロートの石油備蓄基地がある北九州の若松も、筑豊炭田から産出した石炭を各地へ積み出す港町だった。石炭産業の衰退は、若松を石炭の積出港から、石油の輸入港へと変貌させたのだ。

阿蘇山中に眠り続けていたラドンの卵は、「核実験」などによる環境変化で目覚めた。初代のギャオスが目覚めたのは、富士火山帯の活発化と高速道路の建設工事のせいだった。今回は、「二酸化炭素、窒素酸化物の濃度の上昇、紫外線の照射量の増加」などの環境の悪化で、ギャオスとそれを退治する役目をもつガメラが目覚めた。どちらも、八千年以上前に作られた生物兵器であり、しかもギャオスが先で、ガメラはギャオスの暴走を防ぐために後から作られたとされ、まさに守り手としてのガメラ像が浮かび上がる。

ギャオスの遺伝子は一対で、メスばかりと思われていたが、オスにもなって繁殖する。このギャオスの設定は、怪獣映画における生殖問題への一つの解答でもある。そもそも『ゴジラの逆襲』の二代目ゴジラ、そして『怪獣島の決戦』のゴジラの親子以来、怪獣がどのように繁殖するのかは謎のままだった。怪獣を唯一無二のものとして捉える考えと矛盾するので議論を呼んできたのである。

それとともに、ゴジラやガメラを倒すためには、どのような兵器が必要となるのか、という疑問がわいてくる。そのため、ゴジラ映画では、ゴジラの敵対者を作るために、機械的模倣（メカゴジラ）と、生物学的模倣（ゴジラ細胞）という二つのアプローチが取られてきた。ガメラに関しては、昭和ゴジラにおいては生殖問題は不問に付されていたし、平成ガメラにおいても、生物兵器で大量生産品だとみなされて、ガメラの息子といった発想はない。ただし、『小さき勇者たち～ガメラ～』では、自爆したガメラのあとに卵が出来ているという形で世代交代が描かれる。

平成ゴジラシリーズでは、『ゴジラvsビオランテ』以降、ゴジラ細胞と遺伝子をめぐる議論が浮上していた。そして、平成ガメラは追随する形で、生命科学的な説明をすることになったのだ。しかも、生物兵器という考えは、どれほど生物に見えても、あくまでも人工物であり、生命を倒すという贖罪感がどこか薄れるのである。

ギャオスの肉食という性質から、九州でいちばん人口の多い博多が狙われるだろうと考えて、捕獲か駆除かという選択がおこなわれる。鳥類学者の長峰に捕獲計画の立案が政府から命じられる。彼女は「習性も何も分かっていないので捕獲にはリスクが大きすぎる」と反対するのだが、希少動物の捕獲派である環境庁の斉藤審議官は、「これは内閣の決定事項だ」と押し切るのである。

こうした「捕獲か、駆除か」の選択は、のちに樋口真嗣が監督を務めた『シン・ゴジラ』でも繰り返される。東京湾内の巨大生物に関して、環境庁が捕獲を提唱すると、他の大臣は自衛隊に攻撃させろと主張するのだ。そこで、内閣危機管理監が、「捕獲か、駆除か、静観か」と対処方法の三択を述べる。上陸したゴジラは「蒲田くん」となって暴走を始めたので捕獲の選択肢はなくなる。

この事務方の要となる役を演じた渡辺哲は、『ゴジラvsキングギドラ』でラゴス島の旧日本軍軍曹をやって以来、怪獣特撮映画内の軍隊で順調に出世して、戦車隊隊長から幹部、さらに危機管理監にまで上り詰めた。『ガメラ1』でも、ガメラと自衛隊が富士の裾野で戦うときには、「第一次攻撃開始」と指示を出す前線の中隊長に扮していた。

ギャオス捕獲作戦が中止となったのは、甚大な被害が出てからだった。ギャオスが最終的に目指すのは、日本でいちばん人口の多い東京なのである。繁殖用の餌が多いためで、ギャオスは単為生殖ができるので爆発的な繁殖が可能となる。そして折れた東京タワーの上で産卵する。幼生体など複数の段階を経ることが設定されていたが、予算の関係で、『ウルトラQ』の「鳥を見た」のように、巨大化するという描き方しかできなかった（『ガメラ監督日記』）。平成ガメラでも、『ウルトラQ』が大きな参照枠となっていることがわかる。それも当然で、金子監督と伊藤和典はこれ以前に『ウルトラQ』の劇場版の映画を作ろうと企画していたのだ。

米森はギャオスに対して「超古代文明も迷惑なものを残してくれた」とぼやくが、長峰は「私たちもとんでもないものを残そうとしている」としてプルトニウムを例に挙げる。半減期は二万四千年で、それは3・11を経た現在、否応なしに日本および人類にのしかかっている課題でもある。物語を動かすテーマが原爆から原発に変わったことで、黙示録的な破滅のイメージが、広島や長崎の原爆のように一瞬にしてすべてが消失するものから、原発事故やプルトニウム被害のように疫病のように拡散し、影響が長期に及ぶものへとイメージが変わったのである。

【子どもから少女へ】

ガメラに関して「子どもの味方」という方向性が大映側から求められたが、ガメラに大人と子どもの判別がつくのか、と金子監督は疑問を投げかけて拒否した。そして妥協点としたのが、ガメラと「通信できる」草薙浅黄という少女の設定だった。母親を亡くして父親と暮らす女子学生であって、もはや幼い子どもではなかった。昭和ガメラの「姉弟」ではなくて、母親不在の「父娘」が出てきたことで、ゴジラ映画よりの雰囲気をもつことになる。

　米森が漂流環礁と考えていたガメラの背中で見つけた勾玉のひとつを、草薙浅黄に与えたことで、彼女とガメラとの特別な関係が生まれる。勾玉を作る金属は不明で、アトランティス伝説に出てくる「オリハルコン」に起源をもつとし、大西洋に一万二千年前に沈んだ超古代文明の魔物とする。ここに、昭和ゴジラにもあった北極とアトランティス伝説とガメラ、ジャイガーと南洋とムー大陸を結びつける発想が蘇ってくる。

　勾玉をもつことになった浅黄は「巫女」のような役目をもち、ガメラが傷つくと血を流し、眠りにつく。かつて大魔神も、『大魔神』では若い娘の涙とか、『大魔神逆襲』では身を捧げる純真な子どもの祈りをききとどけて動いた。祈りによって何かを動かすのは、宗教心につながるわけだが、それが大映の特徴の一つとなった背景には、ワンマン社長永田雅一の日蓮宗への肩入れもあったのかもしれない。

　永田は、母が帰依していた日蓮宗の総本山である身延山久遠寺への信仰も厚く、日蓮に関連する映画を戦中から作っていた。とりわけ、神風と日蓮の関係がとりざたされるように、特撮と相性が良いのである。『かくて神風は吹く』（一九四四）は、国策映画として神風伝説を具体化してみせた。その特撮は東宝に委託されて、円谷英二たちによっておこなわれた（『大映特撮映画大全』）。そして戦後の『日蓮と蒙古大襲来』（一九五八）は、『十戎』を意識して、巨大プールに模型の船をたくさん浮かべて神風を再現した。また、『サムソンとデリラ』を意識した『釈迦』（一九六一）は、アジアの市場を考えて題材を選んだだけでなく、永田の日蓮宗信仰抜きにはありえないだろう。そして、徳間時代にも、『日蓮』（一九七九）の製作している。

そうした仏教的な信念のようなものは、平成ガメラ版には無縁である。その代り、超古代文明との関係が取り沙汰される。そして、日本あるいは人類にとって、ガメラが敵か味方かの判別ができない、という疑念を抱えていることが、平成ガメラ三部作の特徴となる。あらかじめ「子どもの味方」や「正義の味方」とガメラを規定していないのだ。

浅黄には、平成ゴジラシリーズで、ゴジラと感応する超能力少女として活躍した三枝未希を連想させるところもあるが、積極的にゴジラを止めたりジュニアを誘導する三枝と浅黄とでは働きが異なる。『ギャオス』で湯浅監督が演出したように「ガメラは今眠っているんだ」と説明する英一のような受動的なつながりである。ガメラのことを理解し「やってきた」とは言えるが、あくまでも勾玉という媒体のおかげで浅黄はつながっているのである。

金子監督には、ガメラが続くのなら、毎回ヒロインの少女を替えていくという考えがあったようだ。その路線が実現していたのなら、浅黄も一作限りで姿を消したかもしれない。ところが、実際には、浅黄も鳥類学者の長峰も、三作ともに顔をだすことになる。『ガメラ2』で、長峰はガメラ研究本の執筆者として顔写真が出るだけにとどまるが、この二人が平成ガメラ三部作を貫く軸となった。

巫女的な存在である浅黄が活躍できたのは、長峰という「どんな場合でもベストを尽くし」て合理的に考える人物がいたせいである。直感的な浅黄と理性的な長峰の二人を設定したことによって、巫女的な浅黄が独り歩きしないで済んだのである。しかも、金子監督は、浅黄役の藤谷文子に、ガメラとの関係を『ガメラ1』では父親のように、『ガメラ2』ではカレのように、『ガメラ3』では元カレのように思え、と指導したという（『パーフェクション』）。それが、しだいにゴジラにのめり込んでしまう三枝未希との大きな違いだろう。

【福岡ドームと東京タワー】

ヘリと投光器を使ってギャオスを姫神島から福岡ドームへと誘導したところへ、ガメラが一直線にやってくるのだが、それも当然である。『ゴジラ対キングコング』が参照されたように、関沢新一脚本が怪獣特撮映画の対決物のフォーマットのお手本となっていたのだろう。キングコングは南のファロ島から筏に乗せて広告宣伝のために運ばれてくる。それに呼応するように北極海からゴジラがやってきて、松島湾に上陸し中禅寺湖で両者がぶつかる。同じように、『ガメラ1』では、島から誘導されてやってくるのがギャオスで、それに向かうようにガメラが近づいてくる。そして、ギャオスを追いかける長峰と、ガメラを追いかける米森とが福岡ドームで交差する。

怪獣映画の特徴は、何よりも怪獣の直進性にある。直進しなければ高圧電線や建物の破壊は起きないし、怪獣が障害物を避けるという描写はふさわしくない。それが、エメリッヒ版の『GODZILLA』（一九九八）へのファンの評価が低い理由でもある。『原子怪獣現わる』のリメイクとしてゴジラ映画を捉えていたエメリッヒ監督は、マンハッタンの路上を走り回る巨大トカゲとしてゴジラを扱って批判された。人間の作った既存の建物の道筋を利用するのは『ジュラシック・パーク』（一九九三）の狡猾な恐竜たちの行動に似ている。だが、それでは「恐竜」かせいぜい「怪物」であっても、「怪獣」ではない。「怪獣の前に道はない。怪獣の後に道はできる」という姿勢をゴジラやガメラから感じるのは、人間が作った道や建物に無頓着あるいは無関心であるせいだ。観客はその破壊力に超越的なものを感じ取るのだ。

だが、その点が同時にジレンマとなってきた。怪獣が人間に無関心でも、人間の側は怪獣に無関心ではありえない。政府は希少動物としてのギャオス捕獲作戦をおこなった。当初ギャオスを閉じ込めるのは、関門トンネルと考えられていた。そのとき大映側が、大映とダイエーという語呂合わせのようなタイアップの方針を出してきて、当時のダイエー球団の本拠地である福岡ドームに決定されたのである（『ガメラ監督日記』）。

ただし、先行して開発されていた小中兄弟の脚本に「東京湾トンネル」は出てくるし、岡田脚本には福岡ドームもあった（『パーフェクション』）。こうしたアイデアを取り込んで脚本が作り上げられたことがわかる。映画の物語をどう展開するのかは、偶然的な要素に満ちていて、偶然を必然のように読み替えるのが、すぐれた作り手なのである。ロケ先の天候が脚本と異なっていたので物語の展開が変わることなども、映画の世界では珍しいことではない。

発端を福岡にしたのは「九州というのはなぜか怪獣映画の入りがよい。特に福岡は強い」という大映側の意見に基づく。それが「東京湾トンネル→関門トンネル→福岡ドーム」と変更された一因である。そして、捕獲場所が、天井開閉式の福岡ドームに決まったことで、昭和ガメラでの『ギャオス』の中日球場への応答になった。中日球場は、ギャオスからの名古屋市民の避難場所だったが、今回の福岡ドームでは誘導したギャオスを捕獲するために自衛隊が待ち構えていた。

空中を滑空する怪獣のお手本となった『空の大怪獣ラドン』以降、福岡を中心とした九州は、たびたび怪獣映画の戦地となった。東宝の単独怪獣ものの最後である『宇宙大怪獣ドゴラ』（一九六四）は、北九州で石炭をドゴラが吸い上げる場面が知られる。炭素であれば石炭だろうとダイヤモンドだろうとお構いなし、という食欲をもつクラゲのような不定形の怪獣である。まだ北九州が石炭積出港として役目を果たしていた時代だった。そして、『ゴジラVSキングギドラ』（一九九一）でも福岡は破壊されるが、『ゴジラVSスペースゴジラ』（一九九四）では、スペースゴジラが福岡タワーに陣取ることになり、鹿児島から上陸してきたゴジラと対決する。この映画では、福岡が決戦の地となった。

『ガメラ1』では、福岡はガメラとギャオスの対決の始まりの場所に過ぎない。だが、それでも、ゴジラが襲ったのが一九八九年に建設された福岡タワーに対して、ガメラが襲ったのが一九九三年にできた福岡ドーム、と攻撃対象として福岡のモニュメントを奪い合ったのだ。どちらもアジア太平洋博覧会と関連して作られた施設である。タワーは博覧会のために作られ、現在も放送塔の役目を果たしている。ドームは博覧会場の跡地に建設された施設である。

福岡ドームに、三頭のギャオスが誘導されてきて、肉を頬張り始める（長峰は「三羽」という言い方もする）。ドームが閉まりかけ、筋肉弛緩剤を自衛隊が打ち込むと、そのうちの一頭が逃げ出す。すると、海からガメラが登場し、石油精製所に叩き落として、焼き殺してしまう。さらに、残りの二頭を始末するために、福岡ドームの半ば開いた天井から攻撃しかける。ところが、檻に入れられたギャオスたちが気づき、超音波で檻を切り裂いて、飛び出してしまった。

東京へと向かうギャオスをガメラが追跡する。ガメラは自衛隊に邪魔されながらも、途中の木曽山中でギャオスの魔の手から子どもたちを救い、その際にギャオスを一頭に減らすのだ。残り一頭を追いかけて、駿河湾上空を飛んでる途中で短SAMミサイルによって富士の裾野に落とされる。あくまでも自衛隊はガメラの方を脅威と考えて攻撃を加えたのだ。その結果、ギャオスだけが先行して東京に現れる。いずれにせよギャオスを殲滅するのがガメラの役割なので、執拗に追いかけていくのである。

　ギャオスが到着した東京には、東京タワーという象徴的な建造物がある。『モスラ』以降、このテレビ塔に惹かれる怪獣はたくさんいたし、東京タワーが壊される場面も数多い。だが、壊される過程がきちんと描かれていない、というのが特撮担当者の意見だった（ブルーレイ版特典映像）。樋口真嗣による詳細な絵コンテに基づき、三度の撮影がおこなわれ、想定通りの東京タワーの崩壊が描かれた。

　ところが、東京タワーを直接壊したのは、ギャオスの超音波による攻撃ではなくて、ギャオスを倒そうとした自衛隊の二発の追尾ミサイルだった。そのあと、ギャオスは先端が折れ曲がった東京タワーに翼を休める。そこに夕陽が射して全体がシルエットになるところが描き出される。ミニチュアを使った叙情的とさえいえる美しいカットである。

　夕景と怪獣という組み合わせは重要となる。ゴジラの場合には、海の彼方に去っていくことと夕陽とが重なった『メカゴジラの逆襲』（一九七五）のような名場面もあった。『ガメラ１』ではギャオスがタワーの上で佇むのが、「災いの影」という単なる生物兵器を超えて、目覚めさせられた存在の悲哀すら感じさせる。また、『ガメラ２』では、仙台でレギオンの草体の爆発で傷ついたガメラの背後に夕陽が射す。わざわざこのためだけにガメラのギミック（模型）が作られた。夕焼けを撮りたいという願望が制作陣にあったのである。夕焼け空に怪獣のシルエットが浮かぶ場面は、明らかに『ウルトラQ』の第15話「カネゴンの繭」に出てきた、怪獣になってしまい友だちから相手にされない孤独を抱えたカネゴンの姿が原型だろう。

　ギャオスが東京タワーに翼を休めたのは、自分の巣として産卵するためだとわかる。それにしても、この時点での黄昏が、人間の側に訪れたものなのか、あるいは怪獣の側に訪れたものなのかと考えさせられる要素が、この風景に凝縮されている。とりわけ『ガメラ3』のエンディングを観たあとでは、なおさら意味深な夕景に見えてくるのである。

【人間からの視点の復活】

『ガメラ1』がもたらした長所は、人間の目線から怪獣を見上げたローアングルの視点だった。ガメラとギャオスの対決が、ビル越しでよく見えなかったりする箇所も含めて、カメラの視点が下げられた。狭いスタジオを有効活用するための工夫でもあり、精緻なミニチュアやときには写真を利用して、日常生活の前景と怪獣たちが戦う後景を合成するのである。それは、平成ゴジラシリーズなどでの、怪獣どうしの対決を上から見下ろす形で描く視点とは異なるものだ。

このローアングルは、幼い子どもが大人や周囲の建物を見上げる視点でもある。確かに「子どもの味方」としてのガメラの姿は『ガメラ1』では一ヶ所しか登場しないが、ガメラを見上げる「子どもの見方」は描かれていた。この俯角により、見ている対象に崇高や畏怖といった観念がもたらされた。シュノーケルカメラのような小型カメラによって、店の看板や郵便ポストや電話ボックスなどが細部まで作り込まれたミニチュア模型に視線が入りこむことで、前景と後景が奥行きをもちながらも、つながっていると観客は錯覚するのだ。

特撮映画は、非日常の出来事や存在を、日常の感覚でとらえようとする際のずれを「幻惑」として与えてくれる。それがときには観客に崇高さを感じさせるのである。『遊びと人間』（一九五八）のロジェ・カイヨワ風に言えば、怪獣ごっこ遊びの「模倣（ミミクリー）」のなかに、ブランコやメリーゴーランドの運動のような「めまい（イリンクス）」が入り込むことで、快感が得られるのだ。

映画の歴史を変えた『2001年宇宙の旅』では、「美しき青きドナウ」のワルツにあわせて回転する宇宙ステーションにカメラが近づくカットがある。観客がドーナツ状の建造物の隙間を通り抜けられるのではないかと錯覚するほど接近する。これはストーリーの展開そのものとは関係ないが、まさにこの「遊び」こそが、感覚的な刺激となって映画を支えている。もちろん、回転は循環を想起させ、映画の主題と深く結びついているのだが、こうした「めまい」を通じて提示されているわけだ。

また『スター・ウォーズ』では、デス・スターの溝のなかにルークが操縦するXウィング機が飛び込む瞬間の映像が観客の感覚をゆさぶった。ルークによるアナログ的な操縦を再現しているのだが、それを撮影するのを可能にしたのは、モーションコントロールというカメラの動きをコンピューターで制御し、正確に何度も繰り返せるシステムだった。ルークは機械に頼らずフォースの力で爆弾をデス・スターの排熱穴に投下するのに成功する。そのアナログ感覚の操縦場面を支えたのはデジタル技術だったのだ。

ここに、怪獣特撮も含めた要点がある。高度で複雑な技術を使って手間暇をかけて、体ですぐわかるアナログな感覚を与える映像を生み出す。それを通じて観客が非日常の世界を納得するのである。ジョン・ラセター監督が『トイ・ストーリー』（一九九五）をCGアニメとして作ったときに、おもちゃの人形のぎくしゃくとした動きを模倣した。なめらかな動きを見せるだけでなく、アナログ的な印象を残すことで、観客の脳裏に深く記憶される効果を狙ったのだ。

『ガメラ1』の空中戦でも、C—CAMと呼ばれるコンピューターで何度も動きが再現できるカメラが合成に使われた（『平成ガメラスペシャル』）。特撮は、ルーカスの子孫でもある。樋口特技監督は、モーションコントロールができるＩＭＡＧＩＣＡと、ミニチュアを得意とする特撮研究所それぞれがもつ技術力を組み合わせて、今までにない特撮をやりたかったのであろう。爆発炎上に関しても、銀を混ぜた派手な効果ではなく、より自然に近い色合いを求めていた。

そして、東京タワーに翼を休めて産卵をしているギャオスに、ガメラが地下から近づいていく。そのとき、ミニチュアの芝公園内にカメラが入っていくことで、ギャオスがいるのがとても高い場所だとわかる。また、ミサイル攻撃を受けて逃げ出したギャオスとそれを追うガメラが、麻布や六本木にかけて街を通り抜け、建物の上を飛び回るスピード感は、まさに特撮ならではの「めまい」のする体験となる。これがカメラを据えた撮影が主となる「怪獣プロレス」との違いとなった。とりわけ、八〇年代にアニメの『超時空要塞マクロス』のＴＶ版や劇場版で、板野一郎による「板野サーカス」と呼ばれた空中戦の動きを体験したあとでは、特撮においても疾走感の再現なしには子どもだましにしか思えなかったのだ。

最後に残りの一頭のギャオスを焼き払って、ガメラは海の中へと帰っていった。その際に、「超古代文明が滅んだ後、ギャオスが渡りをおこなっていたら」と米森が懸念をしめすと、長峰が「ギャオスの卵が世界中どこにあってもおかしくない」と応じる。それは初代『ゴジラ』以来の、これが最後の一匹ではないという不穏な終わり方で、実際、『ガメラ２』も含めて、これを手がかりにして、ギャオスがいる世界として後続の作品が構想されてきた。

興行上の理由もあって、九州の長崎と福岡から東京という軸線に沿って『ガメラ１』の物語が成立した。続編の『ガメラ２』は冬を舞台に選んだせいで、札幌から仙台そして東京近郊という軸線の物語になった。これにより、日本列島の南北がカバーされた。さらに、『ガメラ３』では京都、そして『小さき勇者たち～ガメラ～』では名古屋が襲われて、全国の主要都市を網羅する。このように各地を襲うことで、怪獣特撮映画は、旅情ミステリーやフーテンの寅のような放浪記や水戸黄門漫遊記と同じく、さまざまな日本の姿を捉える文化的な装置となったのである。

2　『ガメラ2　レギオン襲来』とネットワーク社会

【地球外から飛来するもの】

『ガメラ1』のヒットにより、同じスタッフでの続編の製作が決定した。そして『ガメラ2　レギオン襲来』が、一九九六年七月に公開された。夏休みの映画だが、話は冬の一月の北海道から始まる。製作に富士通が加わったせいで、パソコンが数多く顔をみせ、ＮＴＴの職員が主要な登場人物となり、携帯電話が大きな役割をはたすようになる。「ウィンドウズ95」の発売もあり、日常生活でのパソコンなどのネットワークの利用や理解が深まったことが、物語世界を変えていた。

宇宙観測からＮＡＳＡが、四十八時間後に隕石群が落ちてくると軌道計算し、「南太平洋から北太平洋にかけて」が警戒区域となった。突然の出現に、「流星雨」として隠蔽されたが、二日後に隕石の飛来が確認される。この状況に、雪のなかで子どもたち相手に札幌市青少年科学館が開催していた天体観測は中止となる。日本では、三陸沖に落下したあと、次に支笏湖の近くに墜落するが、天体観測をしている子どもたちといっしょに目撃した学芸員の穂波碧が、今回のヒロインとなった。

空から落下した隕石が侵入しようとする宇宙生物の乗り物だ、というのは、Ｈ・Ｇ・ウェルズの古典SF小説『宇宙戦争』（一八九八）以来のパターンを踏襲している。しかも、支笏湖近くの郊外に墜落して、その後札幌という都会への侵略話となるのも、ロンドン郊外の共有地で始まり、火星人たちが三本足の機械に乗って大都会ロンドンへと侵攻するウェルズの物語が原型となっている。『ガメラ2』は、多数の模倣作を生んだ宇宙人侵略もののパターンに寄り添いながら、それを怪獣映画へと読み直したのだ。しかも、昭和ガメラのバイラス星人や第十惑星人たちとはまるで異なり、今度の相手は翻訳装置でコミュニケーションがとれる「人間」ではないのだ。

続編に関して、「今度は戦争だ」という金子監督の話から、『エイリアン2』（一九八六）を連想したと伊藤和典は証言する（『パーフェクション』）。確かに、女王蟻のような巨大レギオンを中心に、兵隊レギオンが集団となり、しかも飛んで移動する。『エイリアン2』は、異なる種の母性どうしの戦いが描かれ、シガニー・ウィーバーが幼い少女を守りながらエイリアンと戦う話である。その点では、『ガメラ3』での、「この子を育てるから」とイリスに母性愛を注ごうとする綾奈にもつながっている。だが、『ガメラ2』は、あくまでもガメラ映画なので、ガメラがレギオンを退治するのであって、自衛隊つまり人間がエイリアンを退けたわけではない。それが、『エイリアン2』との大きな違いだった。

隕石の詳細な調査をするために呼ばれてきた、陸上自衛隊の化学学校に所属する渡良瀬二等陸佐が、もうひとりの主人公となる。関係が少しわかりにくいのだが、タイトルシーンで真駒内の駐屯地から出動し、支笏湖と恵庭岳に至る国道を通じて南下したのは、出動要請があった第11師団の化学防護小隊だった。彼らの手に負えないので、渡良瀬たちが呼ばれたのである。

渡良瀬が所属する化学学校は、埼玉県の大宮にある化学兵器の分析や防衛を研究する教育研究機関である。映画公開の前年にあたる一九九五年の地下鉄サリン事件でも、化学兵器の専門家が現場に派遣されている。『ガメラ２』全体がこの事件から大なり小なりのインパクトを受けて作られている。『ガメラ１』のときに、プルトニウム運搬船や海上保安庁の船が警戒していたのは、テロリストによる奪取だった。だが、『ガメラ２』では化学物質や生物が鍵となってくる。渡良瀬はマイケル・クライトンの小説『アンドロメダ病原体』（一九六九）に登場するようなバクテリアや細菌といった目に見えない形の生物の侵入を想定していた。ところが、レギオンはずっと大きかったのである。

緑色のオーロラが天上に光るようになった原因への科学的な関心から、穂波とその上司が隕石の調査にやってきて、強力な電磁波によって車が動かなくなる。そこで自衛隊員である渡良瀬たちと合流する。隕石が見つからないという報告に、一九〇八年のツングースカ隕石が氷の塊という説もあがる。それに対して、穂波は「移動したのではないか」と口にして渡良瀬にヒントを与える。着陸時に「制動がかかっていた」という人為性を感じさせた証言とつながるからだった。

【一つにして多数】

穂波の言うとおりに、飛来したレギオンは、群れとなって移動して巣作りに適した場所を探していた。穂波は市民向けのネットワーク作りを担当するＮＴＴ北海道の帯津とともに、光ファイバーによるＩＳＤＮ回線が、南からしだいに不能になっていることを発見する。さらに、隕石落下の三日目には、キリンビールの北海道千歳工場が襲われ、一万ダース分のガラスの瓶が抜き取られる。こうして侵略の経路が明らかになっていく。

レギオンたちは、札幌の中心部である地下鉄内に巣を作り、「構内は四気圧、酸素濃度は七十八パーセント、通常の四倍」という地上とは異なる高濃度の酸素状態の大気を作り出していた。さらに、デパートの屋上から草体が突き出すことで、レギオンの札幌侵略は完成したのである。

草体に花が咲いたとき、それを破壊するためにガメラが三陸沖からやってくる。跳ねるイルカの群れの下から黒い影が浮かびあがるのだが、これは『ガメラ1』で海の彼方へと去っていったイメージを引き継ぐためだろう。自衛隊が地下の草体の根の部分を爆破すると、飛来したガメラが草体の花を倒して焼き尽くした。だが、そのとき、地下から出現した兵士レギオンが、ガメラに群り襲うのである。その姿を見て、渡良瀬の部下が「我が名はレギオン、我らは多数である」と聖書を引用する。

レギオンとはマルコ伝（書）の五章に出てくる悪霊の名前である。ガダラ人の地であるゲラセネでの出来事で、イエスは、ローマの軍団の名称を使ってレギオンと名乗る悪霊に取り憑かれた男から、悪霊を二千頭の豚に憑依させることに成功する。そして豚を暴走させて崖からガリラヤ湖へと溺れさせて、始末をしたのである。いわゆるイエスの奇跡のひとつの「ガダラの豚」の話で、ルカ伝の八章、マタイ伝の八章にも同様の記述がある。タイトルで十字架が「ガメラ」の「メ」となる趣向といい、今回は聖書からの着想が鍵となる（脚本に参加した伊藤和典が脚本を担当した『機動警察パトレイバー the Movie』でバビロン計画や箱舟やヤハウェという言葉が出てきたのを連想させる）。

レギオンはアリに近い姿をしているが、その点に関して、初代『ゴジラ』と同じ一九五四年に公開された二本の映画が想起される。一つは、チャールトン・ヘストンが主演した『黒い絨毯』である。南米アマゾンでのマラブンタと呼ばれる人食いアリとの戦いは、押し寄せるレギオンの姿と重なる。もう一つは『放射能X』で、ニューメキシコの核実験で巨大化したアリが、ロサンゼルスの水路に逃げ込み、そこで巣を作る。女王アリを火炎放射器で焼くことで退治するが、これは『エイリアン2』の元ネタでもある。しかも、その『エイリアン2』が『ガメラ2』にインスピレーションを与えていたという因果もある。

『黒い絨毯』のモデルとなった「軍隊アリ」に兵隊レギオンは近い。レギオンを解剖した結果、シリコンでできているとわかった。シリコン（珪素）から生物ができるという発想は、アシモフのSF小説「物言う石」（一九五五）が紹介されて以来、炭素生物とは異なる存在として、日本のSF作品のなかでも定着してきた。元素の周期表からもわかるように、炭素と同じ第十四族の珪素が、他の元素と結びつくのに炭素と似た性質をもつのではないかと想像されたのだ。レギオンはシリコンでできていて、圧力で体を動かす機械のような構造をもっている。ここではガメラを含めて地球の炭素を中心とした生物とレギオンという珪素を中心とした生物の戦いが描き出されていた。

また一つ目玉の兵隊レギオンという機械生物の群れは、スタニスワフ・レムの『砂漠の惑星』（一九六四）に出てきた昆虫型のマイクロマシンのような発想である。しかも、レギオンたちが地上を走るとか、高圧線に飛びつくときの動きはどこかコミカルなのだが、それはアニメの『ヤッターマン』（一九七七―七九）に出てきた「ワニ」などと全員で連呼して動くビックリドッキリメカ（ゾロメカ）を想起させる。伊藤和典はこの点を認めている（『パーフェクション』）。群れとなりながらも、あくまでも巨大レギオンに従属するかわいそうな兵隊レギオンという見方もできる。

【地球植民化計画】

レギオンの目的は、草体と呼ばれる巨大な植物を育てることだった。両者の関係について、キノコを育てるハキリアリのエピソードを穂波は語る。キノコを栽培するアリで、アリもキノコなしではその巣を維持できない。その関係がレギオンと草体にあるとし、両者は共生というよりも「セットで一つの生き物」と考えるべきだとする。レギオンは土壌からシリコンを生成するときに発生した酸素で草体を育て、さらに高濃度の酸素を、よその場所や星へ種子を発射させるエネルギー源として利用するのである。

高濃度の酸素の利用が、散種する方法だった。初代『ゴジラ』で、酸素を研究していた芹沢博士が発明した「オキシジェン・デストロイヤー」以来、怪獣特撮映画における酸素の役割は、破壊や爆発である。さらに、「酸素は濃度が高いと有毒な毒物である」という指摘も映画のなかにある。それと共に、酸素が近代産業を支える溶接などに必要不可欠な元素であったことも忘れてはならない。高層建築から自動車や軍艦や飛行機の兵器の製造まで、酸素は重要な役割を果たしてきた、初代ゴジラの芹沢博士が軍事研究として酸素の性質を研究していた可能性もある。生命と人工物をつなぐ重大な要素として元素があるのだ。

地下鉄のトンネル内で兵隊レギオンが活動したおかげで、成長した草体がデパートの屋上を突き破って花を咲かせた。もちろん、この姿は『ウルトラQ』の「マンモスフラワー」へのオマージュに他ならない。金子と伊藤の両者が劇場版の『ウルトラQ』を企画していたとき、「マンモスフラワー」で映画を始める予定だったという。いわばその弔い合戦ともいえるのが、今回の地下からビルを突き破る草体なのである。「マンモスフラワー」は、丸の内のビルにだけ起きた地震が、じつは巨大植物が目覚める印で、皇居の濠に向かって根を伸ばして育っていくという話だった。マンモスフラワーはおそらく皇居にいちばん近づいた怪獣である。

『ガメラ2』では、草体が地下から飛び出す建物として、実在するロビンソン百貨店がモデルにされた。だが、名称の使用許可がでなかったので、バンデラスという別の名前になっている。スクリーン上では、売りつくしの「冬のクリアランス」という垂れ幕が目立つが、このビルは、最初は地下から成長した草体によって、次にそれを倒したガメラによって粉々となる。そして、画面には「暴力を絶対許さないクリーン薄野」という標語も映り込んでいて、皮肉が効いていた。

同時にこの草体は、マンモスフラワーだけでなく、平成ゴジラの『ゴジラvsビオランテ』の花獣という、ゴジラ細胞とバラと人間の細胞が融合したビオランテのイメージともつながっている。ビオランテもレギオンも、品田冬樹による造形なので、似通った点をどこか感じさせるのだ。もちろん、怪獣一体ごとの造形担当もコンセプトも異なるからこそ、それぞれの個性が出てくる。今回のガメラは原口智生、群体レギオンは若狭新一によるものだった。それぞれが巨大レギオンと異なる質感をもつことで、映画を彩っていた。

レギオンが最初に巣を作り、草体を育てた場所として札幌が選択されたために、制作側がおそらく想像もしていなかったいくつかの歴史性が、『ガメラ2』という作品と結びついたのだろう。

穂波の家で、渡良瀬がもってきたレギオンの構造写真を見て、帯津は半導体との類似を指摘する。しかもそれは、札幌を上空から見た地図にも似ている。穂波の家の前に直線の大通りが伸びていて、地下鉄も含めて直線で構成されているのは偶然ではない。草体の被害のシミュレーションが、道が直行する区画のなかに、中心点から丸い形で破壊の効果が広がっていくのは、四角と丸の対比があるせいで強い視覚効果を与える。それは、原爆投下の被害のシミュレーションにも似ている。映画のエンディングは、テレビ塔の上から撮影した雪まつりをおこなう札幌の大通りを映し出していた。天気予報などでおなじみのカットではあるが、碁盤の目に区画整理された人工都市だからこそ、そうした光景が存在する（条里が定まった都市として『ガメラ3』の決戦の舞台となる京都にもつながる）。

二〇一八年は北海道開拓百五十周年だったが、札幌にこうした人工的な空間の建設が可能だったのも、そこが植民都市であるせいだ。レギオンによる地球への植民の物語を北海道で展開したことで、『ガメラ2』は先住民を排除したり同化しながら歩んできた開拓地の歴史とつながった。ユーラシア大陸から見ると、『ガメラ1』の舞台ともなった福岡は半島や大陸への出陣地というよりも「防人」や「蒙古襲来」といったイメージで防衛戦が語られる場所だった。そして、『ガメラ2』の札幌は、「屯田兵」を含めた北の守りの物語の場として設定されるのだ。どちらも、最終決戦地は首都東京やその近郊である関東なのだが、それだけに映画の前半は、前線での戦いという感覚が強いのである。

外部からやってきたレギオンの活動そのものが、まさに農耕をしながら防衛を担った「屯田兵」と似通っている。屯田兵とは平時には農民で、非常時には兵士となる開拓者である。古代中国に由来する制度だが、明治になってから北海道開拓のために日本にも導入された。札幌市にも「屯田」や「東屯田通」などの地名として今も残っている。もちろん、人類やガメラは、地球外からやってきて植民するレギオンの活動を排除し殲滅する側なのだが、敵対するレギオンの行動が一種の「屯田兵」として表現されたことで、植民者レギオンと先住民である人類との関係に、北海道の過去の植民地化の歴史が、立場を逆転しながら重なるのである。

【ネットワークの時代へ】

支笏湖近くに墜落したレギオンたちが、北上していることが判明したのは、ＮＴＴの光ファイバーケーブルが南から順番に使用不能となったからだ。「これ、恵庭の方から時間にそって移動していますね」という穂波のヒントがあった。光ファイバーケーブルを兵隊レギオンたちが食べているのだ。そして、地下鉄の南北線の大通駅発真駒内行きの始発電車が、「すすきの駅」あたりで巣作りをしている兵隊レギオンと遭遇したのである。兵隊レギオンによって、一部の乗客が原因不明の死を遂げ、救急車が走り回るのは、前年の地下鉄サリン事件の記憶を呼び覚ますものでもある。

そして、電磁波を出すものを敵視して襲うレギオンの行動は、電磁波がパソコンなど電子機器にもたらす被害をしめしていた。携帯電話時代となり、電磁波が今まで以上に空中を飛び交い始めていた背景があった。『ガメラ１』では、東京タワーというラジオやテレビの放送電波を流す中心が、ギャオスを狙って追尾していた自衛隊のミサイルで破壊された。そのとき、ビルの上に「ＩＤＯ」の大きな看板が見えるのが、象徴的な瞬間となっている。ＩＤＯとは日本移動通信のことで、現在はＮＴＴのライバルであるＫＤＤＩに吸収されたが、日本道路公団やトヨタ自動車によって設立された携帯電話会社であった。

そして、『ガメラ２』では、穂波がＮＴＴのパソコンが並ぶセンターのなかで、携帯電話を受けようとして、帯津に「あ、だめ、コンピューターの前で携帯はだめです」と禁止されるのは、現在、航空機などで使用制限されるのと同じ理由である。電車内での携帯電話が使用制限されたのは、心臓のペースメーカーへの悪影響が心配されたせいである。電磁波により、それまで思いもよらなかった事故の可能性が生まれたからだ。

レギオンによる電磁波の乱れから、無線による通信を中止したせいで、自衛隊が草体を爆破するときに地下の構内との連絡は、照明を使う原始的な手段となった。その後、渡良瀬が、ＮＴＴの通信所の無線電波のアンテナに群がった兵隊レギオンの攻撃指示をするときも、信号弾が使われた。一度通信ネットワークが遮断されるとアナログ（あるいはアナクロ）的な原始的な手段に頼らざるを得ない。『２００１年宇宙の旅』で、暴走したコンピューターのＨＡＬを、ディスカバリー号の操縦指令から切り離すときの問題でもある。宇宙船の外に出たボーマン船長の救出ポッドが、船内に入るのを、危険を察知したＨＡＬが拒否した。そこで、出入り口をマニピュレーターを使い手動で開けて、ようやく入り込む。このエピソードは、コンピューター社会の融通の効かなさを先取りしていた。

現実にも、一九八四年に東京の世田谷で起きたＮＴＴの地下の埋設ケーブルの火災は、都市のインフラとしての有線ネットワークが脆弱であることをしめした。それまで怪獣が破壊するのは高圧鉄塔などの送電網が中心だったが、通信の途絶という事態が新しい被害状況を作り出す。この八四年はチバシティを舞台にしたウィリアム・ギブスンの『ニューロマンサー』がアメリカで発表され、サイバーパンク的な感覚が広がろうとしていた。そうした変化のなかでのネットワーク化への不安の表現だった。

ガメラが何らかの意思をもっているのかは、仙台で巨大レギオンに邪魔されないように自衛隊の救援ヘリコプターの発進を助けたとか、巨大レギオンの首都防衛戦突を阻止するために攻撃するとか、その「人間的な行動」から判断された。自衛隊も最後にはガメラを援護するため、巨大レギオンの頭部に攻撃を集中するのである。ただし、レギオンは互いに電磁波で通信をおこなっているのだが、彼らの言葉を解読しようとは誰も努力しなかった。穂波は模型化されたレギオンを見て、「形態からも攻撃的な生物」と結論づける。そして、渡良瀬も「今回の敵はまったくの異生物です」とみなして、殲滅する考えしかもたない。レギオンとコミュニケーションを取るという発想が欠けていたのだ。

レギオンが薄野に巣を作ったのも、そこには電磁波が多くて、敵地と思って陣地を作ったのだとされる。レギオンが、地下鉄のガラス窓から、運転士の眼鏡のガラスまで襲ったのは、シリコンを求めてのことだった。そして、電磁波を発する機器や特定の波形を発する通信機器を敵とみなしているのであって、「人間＝敵」という単純な論理ではない。そこが、ガメラ映画の侵略する宇宙人、たとえばバイラス星人や第十惑星人あるいは宇宙海賊ザノン号との違いである。彼らはどこまでも地球あるいは地球人を攻撃する動機が「人間らしかった」のである。だが、モノのインターネット時代に、人間にはそのままでは理解できない機械語による情報ネットワークや、ニューロンネットワークによる人工知能の可能性が示唆されている。レギオンの側と会話できるとすれば、そうした言語を使う存在なのかもしれない。

いずれにせよ、ここには、ネットワークに参加している存在と、それ以外の存在とを分ける論理が見られる。人間たちの通信や言語によるネットワーク内に、ガメラはそれまでの「敵」から「味方」として組み込まれた。だが、レギオンという別のネットワークをもつ相手を、最終的には、地球そのものが、自分の生物のネットワーク内に取り込まなかったのである。

こうしたネットワークによる発想が具体化できたのは、パソコンの普及で爆発的にネットワーク通信が広がっていく時期だったからだ。今回の映画のスポンサーの一つになったのが富士通だったが、インターネットをモデルとする二十世紀末のネットワーク社会は、皆が平等につながっている感覚が重要となった。穂波が浅黄のことを知ったのも、ガメラの情報を集めている英語のサイトを発見したことによる。日本に関する重要な情報が、海外からやってくる時代になったのだ。

脚本の伊藤和典は『機動警察パトレイバー the movie』（一九八九）で、レイバー一台一台に積んだOSが、風速40メートルの台風による風による音がトリガーとなって暴走するというシミュレーションを扱っていた。そして、特車二課が、東京湾上で音を増幅する巨大な構造物である箱舟を解体する任務につくことになる（この音の使い方はどこか『大魔獣ジャイガー』の悪魔の笛を思わせる）。そのシミュレーションをするときに、主人公たちは、自宅のパソコンから、電話線で特車二課のコンピューターと密かにつないで、シミュレーションを計算するのだ。

そして『ガメラ2』でも同じように、穂波の依頼を受けた帯津が、避難指示が出て人がいなくなった部屋で、NTTの社用コンピューターを使い、草体の種子が打ち上げたときに、札幌市内に及ぼす被害をシミュレーションする。穂波と帯津の背後にあるスクリーンに、札幌の中心部が被害をしめす赤い半球に飲み込まれる様子が描き出される。「札幌中心部六キロ四方は間違いなく壊滅だ」と帯津は結論づける。ここには、電話回線のネットワークで大型コンピューターが使え、個人のプログラムでも予測が可能となる時代が描き出されている。

だが、レギオンこそ通信ネットワークによる情報共有が可能な生物なだけに、ガメラも自衛隊も手こずる。レギオンは群れであり、全体として行動することで強いのだ。ただし、それはもろさでもある。レギオンの名前どおり、今度は聖書のガダラの豚のように、無線局から漏れた電波に群がっていってしまう。それは、瞬時に群れの向かう方角が変わるという、ネットワーク社会の負の面を示してもいた。メディアによる情報共有のスピードが速いために、態度の変化も速いのである。

ヘリコプターから対戦車ミサイルを打ち込まれて「炎上」する小型レギオンの群れの姿に、その後のネットワーク社会の行く末が暗示されていた。ただし、次の『ガメラ３』では、スポンサーから富士通が抜けたためなのか、日常の連絡は固定電話の世界に戻っている。それは、南明日香村という、通信インフラがあまり整っていない山奥でイリス誕生の話が展開したこととも関係する。


【ガメラと地球《ガイア》】


札幌から飛び去った巨大レギオンは海上で航空自衛隊機に攻撃されて、羽は落ちたが、本体は行方不明だった。そして、穂波と渡良瀬は仙台のパチンコ店に羽をもつ兵隊レギオンが集まっているのを知り駆けつける。帯津も呼ばれて、レギオンたちが特定の波形の電磁波を好み、それを発する札幌の変電所とパチンコ店のネオンが群体レギオンを呼び寄せたと結論づける。

札幌よりも温暖な仙台では、草体がより早く成長してしまう。そして、草体が仙台駅前で開花したとき、穂波は、蔵王のスキー場に遊びに来ていて、友だちが骨折したせいで避難しようとしていた浅黄と出会う。ところが、彼女たちの前に巨大レギオンと、それを倒そうとするガメラが出現するのである。

穂波たちがヘリコプターで脱出しようとしたのは、霞目《かすみのめ》駐屯地からだった。ここは仙台の若林区にあり、二〇一一年の東日本大震災では被災を免れた。他の仙台空港や航空自衛隊松島基地が津波の被害を受けたなかで、この霞目駐屯地がヘリポートとして外から物資を空輸する基地として活躍したのだ。レギオンによって仙台市内が壊滅する恐れがあるので、ヘリで人々が避難する様子を描いたこの映画自体が、本物の災害時のシミュレーションとなっていた。

ガメラは前回の札幌同様に草体を求めて仙台市内へと進んでいく。そして、ガメラが横倒しにしたところで、草体は種子の発射を実行する。そのため高濃度の酸素がいっきに爆発燃焼した。その結果、仙台の中心部にはクレーター状の穴が開き、「仙台消滅」と新聞にも書かれてしまう。現実の仙台が、一九四五年の七月十日の空襲で焼け野原となったことを視覚的に再現していた。しかも、草体発射に関して、帯津が札幌でおこなったシミュレーションが、仙台で実行されたのだ。ガメラはそのエネルギーを直接受け止めたせいで、炭化して死んだように横たわってしまった。

その一方で、巨大レギオンは前進をし、首都防衛線を、群馬、栃木、埼玉と次々と破っていく。それは『キングコング対ゴジラ』で、ゴジラが南下する進行がしだいに描かれた動きと重なる。これは『ガメラ1』のガメラとギャオスの出会いの手本になった映画でもある。『ガメラ2』では東京が決戦の場になったわけではないが、この近づいてくる怪獣の感覚を取り入れている。そして、自衛隊の健闘もむなしく、巨大レギオンは最終防衛戦を突破して、都心へと接近してくるのである。

仙台のガメラは子どもたちが見守るなか、いっしょにいた浅黄の願いを聞き届けたように復活する。そして、巨大レギオンに向かって飛び立っていくのだが、その際に浅黄の勾玉は手のひらで砕けてしまい、ガメラとの親密な関係は断ち切れてしまう。もはや浅黄はガメラの心を読むことはできない。それが、勾玉という媒体が喪失したことで表現されている。携帯電話などの通信機器に頼る時代のコミュニケーションの危うさをもしめしている。同時に、大人になったことで、巫女としての浅黄の使命が終わったことが、怪我をして流れる血として表現されるのだ（金子監督の『咬みつきたい』で、灰になった父親を蘇らせるために、娘が垂らした処女の血をどこか思わせる）。

ガメラと巨大レギオンとの戦いは熾烈をきわめる。帯津が機転を利かして、小型レギオンの群れを通信所に誘導したことで、単体で戦わせることに成功する。ようやくガメラが巨大レギオンの進行を阻止していると自衛隊が判断をして、加勢したことで形勢が変わる。最後には、ガメラに地球中から金色の光が集まり、腹部が開いて、ウルティマ・プラズマの流れが飛び出した。それにより、巨大レギオンは倒される。

勝利の後で前足を水平に翼のように広げて、ガメラは自衛隊員の敬礼を受けながら、空へと急上昇していく。最後に放ったウルティマ・プラズマは、ガメラと地球を深く結びつけるものであり、同時にガメラと人間との結びつきは危うく希薄であることも告げていた。浅黄のもっていた勾玉が壊れたのが示唆的である。穂波は、「ガメラが救ったのは人間じゃないと思う。この星の生態系だ」として、「ガメラはこの星の守護者だ」と考える。そして、人間が生態系を破壊したら、今度はガメラが人間を攻撃するのである。「ガメラの敵になりたくないよね」という穂波の最後のセリフが決まるのである。

これは「地球＝ガイア」理論に彩られている。ガメラが人間という種の存続に関して最終的に無関心だとすれば、それは地球全体を守ることを優先するという観点から説明がつくのである。ガメラは超古代文明が「時の揺籃」に委ねた「最後の希望」だったが、それをどう扱うかは子孫である現在の人類の課題となったのである。そして、この課題は、『ガメラ３』でも追求されるのだが、意表を突いたガメラの被害者という視点からの物語となった。

3　『ガメラ3　邪神覚醒』と被害者の呪詛

【被害者としてのヒロイン】

一九九九年三月に公開された『ガメラ3　邪神覚醒』は、結果として徳間時代の平成ガメラの最後の作品となった。とりわけそのエンディングをめぐってはファンの間にも賛否両論を招いた。

映画冒頭で、鳥類学者の長峰真弓がギャオス調査に向かった「赤道附近」とされる村のなかで、死んだギャオスの幼生に対して、身内を殺された怒りで鍬で殴りかかる老女の姿がある。ここはわざわざフィリピンで撮影されたのだが、ギャオスが地球上で繁殖していることが確認された。他方で、沖ノ鳥島で深海探査船が、海の底にたくさんのガメラの甲羅が並ぶ墓場を見つける。ガメラが唯一の存在ではなくて、生物兵器として大量生産されたと視覚的にわかる。それは、一頭のガメラが亡くなっても、次のガメラの出現を期待できることでもある。

ギャオスとガメラがそれぞれ複数存在することがありえると明示されたところで、タイトルロールで、画面が白黒となり『ガメラ1』が回想される。どれも見慣れた光景なのだが、ギャオスに攻撃されてガメラが垂直に墜落し、再び立ち上がったところから異なる展開を見せる。二つの怪獣の接近のなかで、父親が自分の娘を抱えて避難するために車に乗せるとき、報道カメラマンらしく、「怖いのは流れ弾だ。ボスニアでもそれでずいぶんやられたんだ」と紛争の話をする。マンションのなかに残っていた母親は、おびえてベッドの下に隠れた猫を連れて行こうとしていた。父親が迎えに戻ったが、今度はガメラを写真に撮ることに夢中になってしまう。それから両親は向きを変えて直進したガメラによって、建物ごと潰されてしまったのだ。

ゲームの選択肢のように、ガメラによって家族の生命を救われたのではなくて、奪われてしまった姉と弟の物語が始まるのだ。巨大ヒーローや怪獣たちが活躍する足元にも、人々の日常生活が営まれていて、逃げ回ることになる。逃げる群衆が描写されるのは、怪獣特撮映画やパニック映画の基本でもある（それがなかったのが『宇宙怪獣ガメラ』の最大の欠点だった）。そして、「人類の味方」や「子どもたちの味方」として認識されるガメラの場合も、ガメラによる被害は無視されてきた。だが、今回のガメラ映画が、昭和ガメラから続くガメラ映画とは別の筋道をたどることが、まず白黒の画面で示される。この四年前の回想は、両親を目の前で潰された少女で、今回のヒロインである比良坂綾奈の見ていた夢だった。

ガメラによって両親を失った綾奈は、弟と二人で奈良の南明日香村にある親戚の家に厄介になっている。世間体をはばかって、そろそろ名字を変えたら、という申し出を「私は嫌です」と一言で切り捨てる。かつては素直だった少女が、ガメラへの憎悪から頑なな姿勢をとっている。陰口を聞きながら、勢いよく自分の茶碗を洗うところにその態度が出ていた。彼女の憎悪や反発が、その後邪神イリスを育てあげ、親戚の一家をはじめ村人を惨殺することにつながるのである。

敵である怪獣を倒すヒーローは、果たして正義なのか。この難題は、すでに六〇年代後半に問われていた。『ウルトラマン』の第23話「故郷は地球」のジャミラ、『ウルトラセブン』の第26話「超兵器R１号」のギエロン星獣や第42話「ノンマルトの使者」などが、視聴者の価値観を揺さぶってきた。実相寺昭雄監督、そして金城哲夫、上原正三、市川森一といった面々による作品だった。切通理作は『怪獣使いと少年』（一九九三）以来、特撮作品のもつ批評性を指摘してきた。その評論のタイトルも『帰ってきたウルトラマン』での人類の「正義」感に絶望する少年の物語から取られている。

テレビでこうした特撮物を見ながら育ち、血肉化していたのが、平成ガメラ三部作のスタッフだったといえる。月光仮面のような正邪の単純な二分法が成り立つのか、という問いを秘めていた。ガメラが人類の味方とも、敵ともなる面が描き出されたのは、そのためである。こうした物語の約束事への問いかけは、特撮の細部のマンネリ化した約束事を問い直すこととつながり、新しい映像表現を生み出す契機ともなるのだ。

『ガメラ2』で、炭化したガメラを子どもたちが見守り応援する場面を出したせいで、人類の味方であることが視覚的にも明白になった。だが、綾奈の両親の死は、その前提を壊すのである。彼女は被害による傷を癒やされないまま生きている。同級生の守部龍成が、「ガメラがおらんかったら、ギャオスにみんな食われたり、世界中レギオンの巣になっとったかもしれんで」と擁護したのに対して、「あんたもガメラに家を壊されて、大事な人を踏み潰されてみなさいよ」と返答する。被害の当事者でないと本当の気持ちがわからないという主張である。綾奈はガメラの行動の結果を「天災」と割り切ることができない。

これが示しているのは、第二次世界大戦以降も、阪神淡路大震災や地下鉄サリン事件、あるいは東日本大震災や福島第一原発事故などで天災や人災の被害を受けた人たちと、避難したり身を寄せた先での周囲の人との間に認識の違いが生じるという現実だ。当事者とそれ以外の人との間の深い溝について綾奈は口に出している。しかも弟は松戸に避難していて、綾奈のように直接ガメラとそれによる被害を見ていないため、姉と同じような憎悪をガメラに向けはしない。綾奈は弟をいじめから守ろうとするが、それは同時に自分自身の内面の防衛でもあった。ここには昭和ガメラとはかなり異なる姉と弟がいる。そして、綾奈がガメラを憎めばそれだけ、ガメラを天災ではなくて意思と力をもった存在として扱わなくてはならない。なぜなら、両親の死が無意味になってしまうからだ。その反発が、別の意思と力をもったイリスを綾奈自身の世界に招き入れる理由ともなる。

こうした綾奈と対照的なのが、平成ガメラ三部作を通じて、螢雪次朗が演じてきた大迫という人物である。芸名の由来となった螢雪太郎が、『ギャオス』で飯場の八というコミックリリーフを演じていたが、金子監督はそんな事情を知らずに、螢雪次朗本人を日活ロマンポルノで知り合って採用したのである。

螢が演じる大迫は、『ガメラ1』では長崎県警の警部補として姫神島に行って、ギャオスを発見する。そして、『ガメラ2』では、ギャオスから逃れるために北海道でビール工場の警備員をやっていたが、兵隊レギオンと遭遇するのだ。『ガメラ3』では、東京でホームレスとなって暮らすなかで、長峰と再会する。そして渋谷でガメラに焼き殺されるギャオスを見て、運命から逃れられないと決心する。巻き込まれたという意味では大迫も似ているが、綾奈のような憎悪をガメラに向けることはない。二人の違いには、家族の喪失の有無という差もある。

【柳星張と南明日香村】

『ガメラ3』は、東京から南明日香村にやってきた綾奈と弟をめぐる「ムラ社会」のいじめと排除を描きながら、龍成との恋愛物語を紡ごうとしている。『ガメラ2』とは一転して、日本の内部や古層とつながる物語となる。前作を古代日本史と直結する契機をもたない北海道で始めたことへの反動でもあった。しかも、南明日香村は、携帯電話やポケベルが活躍する世界ではない。むしろ、人々の噂や過去からの因習や伝承が力をもつ世界だった。

そして、肝試しのように、いじめっ子たちは、「柳星張《りゅうせいちょう》」が封じられた洞窟のなかに入ってそれを取ってこいと綾奈に命じる。比良坂という綾奈の名字は、現世と黄泉の国を結ぶ黄泉比良坂から取られている。彼女が日野原という名字に変えるのを拒否していたのは、死んだ両親とのつながりが断ち切られてしまうせいだ。彼女が潜り込む洞窟は、黄泉比良坂のように黄泉の国と結びつく道筋にも見える。綾奈は封印に使われていた石を柳星張の本体だと思って、外に運び出してきた。そこに、妹からの知らせを受けた同級生の守部龍成がかけつけてくる。柳星張から世界を守るのが、この龍成の役目なのだが、綾奈の行動を制止できなかった。

柳星張に関して質問した孫の龍成に、代々封じてきた守部の現当主である刀自《とじ》は「あれが蘇るとこの世滅ぶ」とし、石がある限り大丈夫だという。地震を起こすナマズを封じ込めた要石のような働きをするのだ。「江戸の終わり頃に、勧進相撲の相撲取りが来て、あの石持ち上げようとしたけど」それは無理だった。ところが、亀の甲羅の形をした石を、綾奈は自分ひとりで持ち上げてしまう。怪力だからではなくて、外からやってきて、タブーを迷信として笑い飛ばせたことで、選ばれた者になったからだ。

いずれ守部の総領となる龍成は、祖母である刀自から、柳星張（彼の名前「りゅうせい」を含む）が外に出ないようにし、そしていざとなったら十束の剣を使えと教えられる。その剣は小さな祠に仕舞われている。山村のタブーとその侵犯がもたらす災難については、大魔神三部作の完結編である『大魔神逆襲』にも描かれていた。都に上って天下をとろうとして、村人を秘密裏に使って鉄砲の火薬づくりをしていて、タブーを破った領主に大魔神が襲いかかってくるのだ。『ガメラ2』に雪景色を舞台にした『大魔神逆襲』を重ねていた伊藤和典が、『ガメラ３』で別の形でその設定を取り込んだともいえる（『ＧＡＭＥＲＡ２』）。

柳星張について綾奈が質問すると、大学生の従兄は、正体がよくわかっていないが、推測はできると返答する。古代中国の二十八星宿に基づき、「柳」「星」「張」の三つでへびつかい座を形成する。星座名のへびつかいとは、死人を蘇らせる腕をもつ医師のことであった。だが、それでは地獄に人が来なくなるというので、ゼウスの怒りに触れて星座となったとされる。近くにへび座もあり、蛇は脱皮する姿が不死や蘇りの象徴ともされていた。

しかも、柳星張の三つは、南の朱雀（＝赤い鳳凰）が支配する星宿であり、これは北の玄武（＝黒い亀）と向かい合っている。朱雀は火の鳥のようだと従兄は説明する。高松塚の南の壁に朱雀が描かれていない、というのが意味深に示される。南明日香村に眠る柳星張がそれにあたるわけだ。従兄がしめす本には、南に朱雀がないのは、江戸時代の盗掘の際に壊されたから、という答えが書かれているのが画面で確認できるのだが、物語が優先された（このときは知るよしもないが、徳間書店から大映の映像資産を引き継いだ角川書店は、飛鳥の鳳凰をトレードマークとしてきた）。

超古代を日本国内と結びつける世界観を作り上げるのに、伊藤和典は半村良の世界を導入したと述べている（『パーフェクション』）。半村の作品は偽史や超古代史を、アトランティス大陸やムー大陸から、より民俗学的あるいは土俗的なものへと置き換える手本でもあった。「伝奇小説」を現代風に蘇らせながら、『石の血脈』でドラキュラ小説と現代建築、『黄金伝説』でギリシャ神話と戦後の政治の闇をからめたように、超古代文明の話に、モダンや西欧的な構図を秘めていた。

そして、水木しげるの妖怪ものとはタイプが異なる、諸星大二郎の稗田礼二郎が活躍する『妖怪ハンター』（一九七四―）や星野之宣の宗像教授シリーズ（一九九〇―）のような民俗学や神話に基づく作品が人気を博していた。諸星の作品を映画化した塚本晋也監督の『ヒルコ／妖怪ハンター』（一九九一）でも、学校の敷地に眠る古墳の話のなかで、そこを守るために玄武や朱雀といった四つの神獣が扱われていた。

金子監督は、ラヴクラフト神話に基づくオムニバス映画の『ネクロノミカン』（一九九三）に参加したり、『ガメラ3』の直前には『学校の怪談3』（一九九七）など、ホラー物を映画で扱っていたので、民俗学的主題を受け入れていた。とりわけ、怪獣特撮に超古代史を背景に導入するのは、実相寺昭雄監督の『ウルトラQ　ザ・ムービー　星の伝説』（一九九〇）でも追求されていたのだが、金子監督自身により、ミレニアムゴジラの『ゴジラ・モスラ・キングギドラ　大怪獣総攻撃』（二〇〇一）において一つの完成を見ることになる。こうした一連の「偽史」的な世界観が、怪獣映画のなかに一つの豊かな水脈を作っているのだ。

【イリスの誕生】

綾奈が封印のための亀甲の石を動かしたことで、柳星張の卵が出現し孵化し、口がない触手をもった生き物が誕生する。事態を知った龍成が「おまえはあれが何なのかわかっているのか」と問いかけると、綾奈は育てると宣言して、仲間を殺された「あの子と私はいっしょ。ガメラが憎いの」と共通の利害があると主張する。

綾奈は餌を与えようとしたが、柳星張は触手の先端を缶詰に突き刺して中味を吸い取るのだ。中味の吸収がその後の動物や人間への襲撃のパターンとなる。あとになって遺伝子の違いから、柳星張はギャオスの変種と解明されるが、吸血する初代の昭和ギャオスに近いのである。そして、『ガメラ1』のギャオスのように巨大化していくのだ。のちに、「ギャオスを生んだ者たちは滅んだが、その末裔が日本に来て、縄文弥生を生き延びた」という仮説が語られることになる。

綾奈が、村人の呼ぶ柳星張ではなくて、イリスと名づけたことで、この生き物に新しい意味が与えられた。イリスとは、ガメラによって両親といっしょに死んだ猫の名前である。そもそも綾奈の盲腸の手術のあと、母親が付き添っていて、松戸のおばさんのところに避難できなかったので、災難にあったのだ。しかも、母親が、おびえてベッドの下に隠れた猫のイリスを呼ぼうとして手間取っていた間に避難ができずに遅れてしまった。両親の死体のそばにいるはずの「死んだ猫＝イリス」が、エドガー・アラン・ポーの描いた「黒猫」のように、綾奈に取り付いているのかもしれない。もっとも、ポーの小説は、猫を殺そうとして妻を殺してしまった男が、猫と死体を壁に埋め込んでしまった話ではあるが。

柳星張のへびつかい座と同じく、イリスという名もギリシャ神話に由来する。イリスとは虹の女神で、翼があり神々の伝令を務める。それが鳳凰や朱雀と重ねられている。そして、黒い勾玉を光らせたことで選ばれた綾奈を、森のなかで巨大化したイリスが抱きかかえ、内部に取り込んでしまう場面が出てくる。処女である巫女が禍々しい神と交わるという性的な関係を描き出している。同時に、綾奈がイリスの内部に取り込まれた姿は胎児にも似て、イリスを単純に「オス」か「メス」かは判断できない。むしろ両義性を持つようにさえ見える。ギャオスと同じく、都合よく性別を変えることができる生物なのだろう。綾奈を取り込んだ操縦席のような莢については、綾奈を奪い合うための落とし所として考え出された（『パーフェクション』）。単性生殖も可能なはずのイリスの「性別」に、名称も含めて多少整合性に欠けるのは、それが原因なのかもしれない。

龍成が十束の剣で、昏睡状態の綾奈をイリスの体内から助け出す。そして、綾奈が入院して眠っている間に、イリスは彼女の隠れた願望を成就する。自分にいじわるをした親戚を含めた村人の殺害だった。村の半分を犠牲にしているので、おそらくいじめっ子たちも始末されてしまったのであろう。スティーヴン・キングの『キャリー』（一九七四）で、いじめられていたキャリーが、テレキネシスを使って反逆するのは、初潮を迎えてからだったというのにも似ている。性的な関係も匂わせてイリスと一体化したことで、綾奈が心のなかに抑えていた暴力性が発動し、イリスがそれを代行したのである。

昏睡状態になった綾奈を、転院させて京都に連れ込んだのが、柳星張を探し求めている朝倉美都という「日本の根っこ」に関わる人物だった。美都は、政府の要職を動かす力をもち、宮内庁とのつながりも示唆されている。撮影場所となり、彼女の居住地とされた「亀の井」のある松尾大社は、酒の醸造家の信仰を集めているが、秦氏の氏神として守られてきた。美都は巫女の血を引いているのだが、血が薄まってしまい、綾奈のようにイリスと合体できなかった。「あの怪物と交わるのは本来あなたの役割だ」とパートナーのゲーム作家の倉田真也に弱点を指摘される。

初期稿では、美都は映画の終わりで、ガメラとイリスが裏表の関係にあって、同一のものとみなす見解を述べる人物だった。ところが、最終的には、美都は綾奈に嫉妬を覚え、イリスとのつながりを自分も感じたいと願う人物に変更された。黒い勾玉を通じて、京都にやってくるイリスを感じている綾奈に添い寝をして自分も近づこうとする。二人並んで寝ている姿が、どこか官能的な表現になっているのは、『OL百合族19歳』（一九八四）を作った金子監督らしい演出である。そして、京都駅ビルで、美都は黒い勾玉を綾奈から奪い、イリスに向けて掲げたが、当然ながら反応するはずもなく、ガメラとイリスの争いに巻き込まれて、瓦礫の下敷きとなった。

【ゲーム世界とマナ】

推理統計学と風水をあわせたゲームで脚光を浴びたゲーム作家である倉田真也が、京都にいるというのは、任天堂との関連をどこか臭わせる。倉田が長峰に出した挑戦状とも招待状ともいえる一枚のディスクが、ギャオスに関する海外調査から戻ってきた長峰のもとに届いていた。パソコンでは中身が読めなかったのだが、後輩の助けをかりて、ゲーム機で正体がわかった。それは、「NEVENYRRL」というタイトルのゲームのベータ版だった。

これは明らかに、伊藤和典が好きだったというトレーディングカードゲーム「マジック：ザ・ギャザリング」（一九九三）に出てくる「ネビニラル（NEVINYRRAL）の円盤」のパロディだった。マナという考えは、このゲームからきている。SF作家のラリイ・ニーヴンが書いた「魔法の世界が消えていく」（一九七六）に出てくる、マナを消費して土地を確保する円盤に由来する。パロディであり、著作権上の問題もあってか、ニーヴンの氏名の逆綴が与えられていた。

「ゲーム＝遊び」と考える長峰に対して、後輩の桜井はゲームが経営や地球環境についてのシミュレーションができると説明する。それは都市の成長を扱う「シムシティ」（一九八九）やその続編で地球環境を扱う「シムアース」（一九九〇）といったシミュレーションゲームが登場してきたことを受けているのだ。そして、マナが消費されると、世界環境が変わり、ギャオスが出現したと説明される。

しかも、長峰はマナについての説明を、アメリカ留学から帰国した浅黄からも聞く。長峰と浅黄は、国立科学博物館の進化を説明するために恐竜やアンモナイトの化石が陳列されたなかで、地球の歴史に囲まれながらガメラやギャオスについて語り合うのだ。重要な役として浅黄が再登場する。

脚本の伊藤和典は、ガメラを人類の「味方」「敵か味方か不明」「敵」とみなす三部作の構想をもっていたという。そして、『ガメラ3』で浅黄を登場させない準備稿もあったのだが、そこに浅黄の長いナレーションが書かれていたことから、ドラマを立てるための不可欠な人物なのだ、と金子監督は判断した。そして、ガメラをめぐって綾奈とネガとポジの関係になる浅黄が姿を見せることになった。

浅黄によると、ガメラについて調べていると、南太平洋にあるマナという考えで、ガメラについて起きたことが説明できるというのだ。宇宙怪獣のレギオンを倒したときに、ガメラが使用したウルティマ・プラズマで、世界中のマナを消費した。それが、マナの不足を呼び、ギャオスの大量発生をうながしている。こうした説明はニューギニアや神戸から琵琶湖までという重なるような地理を扱った『バルゴン』の世界観とは大きく異る。

世界観を作るゲーム作家として、倉田はガメラをマナを入れる「器」と理解することで、これまでの歴史を説明する。そして、ギャオスは人口を調節するために作られたと主張するのだ。倉田にとって、歴史とは一種のシミュレーションゲームに他ならない。そして、ゲーム内では、マナのパラメーターを増減することで、日本や世界が滅亡する結末でも、あるいは無事に生き延びる結末でも導けるのである。自分はゲーム作家としてゲームの外にいると考えていた倉田だが、因果報応のルールに従って、京都駅のなかで落下してきた天井によって潰されてしまう。それは現実世界というゲームがもたらした選択肢のひとつでもあった。

【イリスとの京都での戦い】

『ガメラ３』の前半では、渋谷上空でのガメラとギャオスの戦いが描かれた。ガメラは、精悍で凶暴な面構えに変更されたので、地上に降りて、容赦なくギャオスを焼き殺すとき、巻き添えを食って、多くの犠牲者が出るのも不思議ではない。それでいながら、逃げ遅れた子どもが、自分を踏み潰さなかったかのように見えたので、「ガメラはぼくを助けてくれたよ」と声をあげるのだが、ガメラを子どもの味方として扱うには、もはや手遅れなほどの被害を与えていた。そして、ミステリー作家の綾辻行人の妻（小野不由美）が目撃したように、この渋谷の場面で、観客の子どもたちが怖さから泣き出したほどだった（『大映特撮映画大全』）。

こうした渋谷の出来事は、南明日香村に住んでいる者にとって、テレビというメディアを通じて見ている対岸の火事のようでもある。どこかリアリティを欠いているのだ。金曜の夜でもあり、スイカを食べながらテレビを見ていた一家は、そのニュース画面を見て唖然としている。だが、あくまでも当事者でない者の立場からの反応である。しかも、対象との心理的な隔たりは、飛び立つガメラを視聴者が映した不鮮明な映像のせいで、さらに拡大するのである。それは、弟に呼ばれてテレビを見た綾奈が憎悪を募らせるのとは大きな違いだった。

そして、ガメラとイリスの決戦の場として選ばれたのは、奈良に近い京都だった。第二次世界大戦で、アメリカ軍による京都への空襲や原爆投下が、文化財の保護の観点から回避されたという説があるが、現在ではこれは退けられている（吉田守男『日本の古都はなぜ空襲を免れたか』）。長崎の原爆投下が、小倉が曇っていたせいで次の候補に変更になったように、空襲予定に入っていれば、原爆投下さえも実行されたはずだ。京都へも五度の空襲があったが、原爆投下のために温存されたとも考えられている。

京都は、戦争から無縁ではない。それどころか、昔から京都は天災や歴史の事変で焼けてきた。大映の代表作となった芥川龍之介の原作に基づく黒澤明の『羅生門』(一九五〇)の舞台は、もちろん京都駅のすぐ近くにかつて存在した門である。朱雀大通のいちばん南にあり、嵐で倒壊したとされる。京都には大火や地震による被害もたくさんあったのだ。また、京都を焦土と化した応仁の乱の際には、二分して勢力が争ったので、西陣という陣地がそのまま地名で残っているほどである。それを避けて背を向けたところで東山文化が栄えることになる。そして、幕末にも倒幕を考える長州勢が引き起こした蛤御門の変で、「どんどん焼け」と呼ばれる大火が起きて、二万七千世帯を焼いた。近代戦争による空襲被害こそないが、京都はさまざまな被害を受けてきた都市でもあったことは忘れてはならない。

京都を舞台に本格的な怪獣特撮をおこなうのは、ある意味で大魔神シリーズができなかったことの実現でもある。大魔神三部作は、京都撮影所製作らしく、瓦屋根の町並みなどの精緻なミニチュアを作ったのだが、京都全体を作るのは難しかった。しかも、戦国時代を舞台にしていたので、家屋などの細部もすべて作り込まなくてはならなかった。予算規模が大きくなるのは目に見えていた。最終作の『大魔神逆襲』では、天下統一をもくろんで京へと上るために、領主が火薬や武器を用意する話だが、その野望は大魔神によって出陣の手前で潰えてしまう。結局のところ、大魔神が京の都で暴れるという光景が、特撮映画として製作されることはなかった。

金子監督は、ガメラ映画を担当することが決まるずっと以前の一九八五年ごろに、大魔神の映画化を模索していた大映の関係者との会話のなかで、実現可能なのは「大魔神よりもガメラだよ」と冗談ぽく述べたことがあったという。時代劇はそれだけ予算を必要とするし、低予算でガメラを作っても『宇宙怪獣ガメラ』のようなチープな作品になってしまうという含意もあったようだ。

だが、今回は予算もあり、チープなガメラ映画にはならなかった。「京都を燃やそう」というのは、樋口特技監督からのアイデアだとされる（『パーフェクション』）。実写にＣＧを重ねたり、「佃煮」などと看板が再現された民家のミニチュアも作られて、日本家屋の間を飛んだり歩き回るガメラが描かれた。京都には建物の高さ制限があり、イリスの姿が建物の屋根の上に見えることで迫力が増したのだ。しかも、寺や塔などの建造物との対比により迫力が生じる効果もあった。

都会のビルの間に埋没しないように怪獣を見せるというのも、怪獣特撮の妙味である。怪獣のサイズと建物の高さの関係が重要となる。ビルなどの日陰に植えられると、太陽を捉えようとして樹木は高くなり枝葉を広げるが、同じように、ゴジラに代表される怪獣たちは、周囲のビルの高さに合わせてサイズが大きくなってきた。だが、京都市内ならば比較的見通しがよいので、シン・ゴジラやアニゴジのような巨大な怪獣でなくても構わないのだ。

最後は、一九九七年に出来たばかりの京都駅ビルの内部を舞台にして、屋内でガメラとイリスが戦う、という意表をついた場面となった。これは原広司が設計した、高さ五十メートルの巨大な吹き抜けが、両者を争わせても違和感のない空間だったせいである。それに、こうした室内空間での戦いを設定できたのは、巨大な仏像を建物のなかに入れた寺がたくさんある奈良や京都を舞台にしたおかげだろう。

【エンディングをめぐって】

台風が迫るなか、大迫に連れられて、ＪＲの奈良線で東福寺駅までやってきた龍成は、運転中止となった車両から飛び出し、京都駅のなかでイリスと向き合って魅入られている綾奈に出くわす。そして、「なんとかしてくれ」と十束の剣をイリスに投げつけるのだが、それは体に当たるとそのまま落下し、綾奈の頬を切る。これで綾奈は正気に戻るのだが、イリスは龍成を触手で投げ飛ばし、再び綾奈を体内に取り込んでしまう。綾奈はそこで、イリスが彼女の親戚を次々と殺していった事実を知って、自責の念にかられるのだ。

綾奈が「助けて」と叫んだとき、天敵であるはずのガメラが登場し、イリスの体内にいる綾奈を莢ごとつかんだ。イリスはガメラの右前足を駅舎の壁に突き刺して、動きを封じた。そこで、ガメラは自分の右前足を自ら焼き切って、同時にイリスに取り込まれてしまった綾奈を左前足で引きずり出して救った。そして、イリスの攻撃をガメラは先端を失った右前足で受け止めると、逆にイリスの体内に打ち込んで、粉微塵にしてしまう。その爆発で京都駅ビルの自慢の四千枚のガラスも吹き飛んでしまう（二〇一八年の九月に台風21号のせいで駅ビルの天井からガラスが落ちたときに、暗合を感じる人がいたほどである）。

長峰が心臓マッサージで綾奈を蘇生させる。蘇生した綾奈は、駆け寄ってきた龍成に抱きしめられると「ごめんなさい」と泣き出す。ガメラによって「イリス＝柳星張」が消えたあとで、守部の役目は変わったのである。この二人が寄り添う場面を最後にもってくるのが、金子監督にとって物語の帰結をしめす演出でもある。『ガメラ1』では浅黄が父親に寄り添った。また、『ガメラ2』では浅黄が穂波に寄り添った。『ガメラ3』で浅黄は「元カレ」のガメラと距離をおいていて、綾奈のように泣いたりはしない。

ガメラはイリスに勝利したのだが、その間に、総隊司令官のもとに、田崎長官から、世界中からギャオスが日本にめがけて押し寄せてきているという情報が入る。そして無数のギャオスの群れが飛んでくる映像となり、総隊司令官は、「総理から命令が下った。ただちに攻撃目標をガメラからギャオスに変更。陸海空の自衛隊の総力を結集し、これに対処する」と本土決戦の決意を述べるのである。そして、浅黄が「ガメラは一人になっても戦うつもりです」と口にし、長峰は「ガメラは一人じゃないわ」と断言し、さらに綾奈が「ガメラ」と声をかける。

炎のなかにガメラの横顔が映り、エンディングとなる。一時はガメラがギャオスの群れをすべて倒すというエンディングも構想されたが、それでは尖った内容にならないというので、現行のものに最終決定された。これは勝敗の行方がつかない宙吊りにされた終わり方でもあった。そこに希望を見るか、絶望を見るのかは観客に委ねられた。しかも、一九九九年という黙示録的な年に出された映画なので、世界の終末で終わるという考えも含んで理解された。

核戦争の恐怖があった時代には、終末論的な終わり方も商業的に許容されたかもしれない。核戦争に関しては、さまざまな映画のエンディングがある。『渚にて』（一九五九）は静かに人がいなくなる終わり方をするし、『世界大戦争』（一九六二）では東京が核戦争によってどろどろとなるし、『博士の異常な愛情』（一九六四）の最後には核実験のきのこ雲が連発する。どれもが、冷戦の現実の不安や緊張感と結びついた訴求力をもっていた。だが、終末観にあふれた映像を流すことは、原発時代のエンターテインメントである怪獣特撮映画には許されなかった。

金子監督は、ギャオスの群れが日本に襲ってくるというエンディングに対する終末論的な解釈をはねのけるように、自身が作詞し、ユリアーナ・シャノーが歌う「もういちど教えてほしい」という曲をエンドロールの間に流した。歌詞のなかに、「終わらない未来を」とあるように、続く未来への希望を抱かせて終わるのである。

勝敗の行方が見えないオープンエンドで終了したことで、さらなる続きへの期待もあった。だが、興行成績が目標額に届かなかったのが原因とされるが、同じスタッフで、『ガメラ4』が作られることはなかった。大映の徳間時代そのものが、『ガメラ2』と『ガメラ3』で官房長官を演じた徳間康快が、二〇〇〇年に亡くなってしまったせいで、終了してしまった。ガメラ映画は、『ガメラ1』の冒頭の漂流岩礁のガメラのように、再び漂流を始めることになる。それを拾い上げたのが、角川書店であり、しかも新しいガメラ映画を作ったのである。

その後、ゴジラ映画に進出した金子監督は『ゴジラ・モスラ・キングギドラ　大怪獣総攻撃』を、樋口特技監督は、今度は監督として『シン・ゴジラ』を作ることになる。日本の古代や過去の記憶を最大限に活かした作品と、今ここにゴジラが出現したらどうなるのかを描く作品という方向性の異なるゴジラ映画が、平成ガメラ三部作を通じて誕生したのである。

第6章　金子ガメラの戦果

【怪獣＝アイドル論の系譜】

すでに指摘したように、金子ガメラ映画を湯浅ガメラ映画と結びつけるのは、「怪獣＝アイドル」論であろう。湯浅監督はこの持論を実践するように、ガメラ映画の後には、岡崎友紀、大場久美子、木之内みどりなどアイドル主演のテレビドラマのシリーズを成功させている。そして、アイドルと怪獣は、どちらも一カットで一動作しか演技ができないので、それを組みあわせて作品を作る点で同じだという意見だった（『ガメラ創世記』）。

特撮番組としては、『ウルトラマン80』（一九八〇―八一）で円谷プロとの仕事を担当することになった。学園ものとウルトラマンという組み合わせで、主人公は教師（ただし多忙のため途中で退職してしまう）という設定だった。これが昭和最後のウルトラマンとなったのである。一方、金子監督は、平成ガメラ以降に『ウルトラマンマックス』（二〇〇五―〇六）を担当した。原点回帰を謳《うた》い、マックスが戦い方を忘れるといった場面も出てくる異色のウルトラマンだった。金子監督はガメラだけでなく、ウルトラシリーズの監督としても、湯浅監督の後任となっているのだ。

金子監督は、小さい頃から怪獣を愛し、小学校六年のときには自前の怪獣図鑑を作成したほどだった。『ガメラ監督日記』によると、『ベムニカ』と名付けたノートに、ウルトラマンやガメラも含めた怪獣たちの特徴を細々としるす怪獣少年だったという。こうした昆虫や動物の図鑑を模した整理法の手本になったのは、『ぼくら』や『少年マガジン』でグラビアページを担当していた大伴昌司が編纂して発行した『怪獣画報』（一九六六）と続刊の『怪獣図鑑』（一九六七）だろう。しかも秋田書店が刊行した『怪獣図鑑』こそは、次期天皇である浩宮がマスコミの前で購入したことで知られる本でもある（BS朝日『ザ・ドキュメンタリー』「〝特撮の神様〟円谷英二～ウルトラマン誕生の舞台裏～」）。つまり、上から下まで、あるいは右から左まで、さまざまな階層の子ども（主に男の子）たちが、同じテレビ番組や映画を見て怪獣を受容してきたのだ。

さらに、金子監督のアイドル好きは知られていて、日活ロマンポルノのデビュー作『宇能鴻一郎の濡れて打つ』も、山本奈津子というポルノ映画界のアイドル女優を使い、テニスマンガの『エースをねらえ！』をパロディ化した作品だった。女性アイドルとして、たとえば、中山美穂を『どっちにするの。』（一九八九）で、斉藤由貴を『香港パラダイス』（一九九〇）で、安田成美と石田ひかりを『咬みつきたい』（一九九一）で、矢田亜希子を『クロスファイア』（二〇〇〇）で、優香を『恋に唄えば♪』（二〇〇二）で起用している。

アイドル志向だけでなく、怪獣映画への関心も金子監督は当初から強くもっていた。そして、事あるごとに自作に怪獣映画の要素を挿入したのである。

日活で助監督をしながら、大学の先輩の押井守に誘われて、アニメの『うる星やつら』の一九八一年に放送された第三話「宇宙ゆうびん　テンちゃん到着！」と第四話「つばめさんとペンギンさん」の脚本を担当した（当初は一回に二話ずつ放送していたので、第二回の放送にあたる）。第三話は、ラムに続いて鬼族のテンが居候として諸星家に落ちてくる話である。テンが火を吐いて諸星家を全焼させるところで終わる。これは『ガメラ3』の最後の京都駅ビルの炎上などとつなげたくなる。

第四話では、そのテンが与えた菓子のせいで、子育て中のツバメが巨大化してペンギンとなる。責任をとるといったテンは雛にも菓子を与えて、親子共々巨大化してしまう。ついには、怪獣のサイズとなり、東京タワーで子育てをする。これは明らかに『ガメラ1』で東京タワーにギャオスが巣作りをするアイデアの原型である。『うる星やつら』の文芸を担当していたのが伊藤和典であり、金子監督の狙いを十分に理解していたのである。

また、一般映画としての最初の作品である弓月光のマンガを映画化したコメディ『みんなあげちゃう♡』（一九八五）にも、わざわざ怪獣特撮作品の要素を入れた。ウルトラの母が出てきて「処女を捨てたい」と悩むヒロインに忠告したり、キングギドラの刺青をした男が銭湯にいたりする。そして、時空の歪みで生じた空間にヒロインの恋人が連れて行かれると、そこで出来事は白黒の画面となり、追いかけて入り込んだヒロインを襲うガメラならぬ大阪の怪獣が出てきた。わざわざエキス・プロダクションが所有する版権のない催し物用の怪獣を借り受けて撮影された（『ガメラ監督日記』）。

怪獣が登場する時空の歪みに入る際に出てくる五重塔の模型製作を、学生時代の樋口真嗣がバイトで手伝ったという裏話もある。だとすると、『ガメラ3』で、イリスと塔が並ぶ場面が出てくるのもわかる気がする。特撮の経験も積み、予算も増えたなかで、特技監督としてリベンジを考えても不思議ではない。そして、五重塔ではなくて、もっと手間のかかる全面ガラス張りの京都駅ビルを壊すことになった。

アイドルと怪獣とは、視覚に訴える要素が強いので、図鑑やグラビアページにふさわしい。それとともに、どれが好きかを問われると一番を決めたくなる。アイドルと怪獣のどちらも人気投票に適しているのだ。そして、キャラクターとして多彩な商品化が可能で、ジャンルを超えたメディアミックスを展開できる。大映の資産が、徳間書店そして角川書店に引き継がれたのも、そうした利点を踏まえてのことだ。

アイドル映画として見た場合、平成ガメラ三部作には、ヒロインの表情を捉えようとした瞬間がいくつもある。長峰を演じた中山忍は、『ガメラ1』で洞窟内で卵から孵化したギャオスたちが共食いをしていた場面を見て顔をそむけるが、それは伊藤脚本の意図を超えて、金子監督が現場での表情から選んだものだった。『ガメラ3』でホームレスになった大迫をくどいて戦列に復帰させるときも、一線を画しながらも、同志愛のような笑顔を見せる。

また、『ガメラ3』で綾奈を演じた前田愛は、弟からガメラのことを聞き出そうとする龍成をなじったり、龍成に背を向けて「あの子も私と同じ、ガメラが憎いの」というときなどの微妙な表情をカメラはすくい取る。これは、金子監督が狙っているカットのひとつだった。

スティーヴン・セガールの娘である藤谷文子は、『ガメラ1』での力の入りすぎた素の演技から離れていき、『ガメラ3』では綾奈を気づかう女性を演じるまでになっていた。ガメラの造形の変化だけでなく、アイドルの成長も三部作を通じて楽しめる。そして、『ガメラ2』で穂波を演じた水野美紀や、『ガメラ3』の山崎千里は、監督からミニスカートの着用を求められた。これなどまさしく湯浅監督が『深海怪獣ジグラ』で八並映子に水着姿で路上を歩かせたのにも通じる。

【美女か巫女か】

怪獣とアイドルの親和性が高いのは、湯浅監督や金子監督の資質というだけではない。怪獣特撮映画が、ハリウッドなどの先行する映画にルーツをもつせいである。アイドルとしての女優をどう扱うのかは、怪獣や怪物映画にとり、いつでも悩みの種となる。人間、それもとりわけ女性が恐怖に怯える表情や叫ぶ姿のアップ、そして絶叫の声こそは、ホラー映画にとって大きな魅力となってきた。初代の『ゴジラ』で河内桃子が演じるヒロインが大戸島の稜線から姿を現したゴジラに叫ぶ場面が印象的である。『ガメラ３』でも、イリスに襲われた仲間由紀恵は絶叫し、体液を吸われて干からびた姿となってしまう。

けれども、怪獣特撮映画でいちばん吠えるのは、本来鳴かない爬虫類である怪獣たちだった。生物学的にはトカゲと同じく亀も鳴かないが、日本では文学的には鳴くこともあった（中西進『亀が鳴く国』）。全体で見ると、怪獣特撮映画では、ゴジラやガメラの咆哮と比べて、女優たちの叫び声や悲鳴が強調されることはなかった。

アイドルとしての女優を脇役として登場させるにしても、何をどこまで描けばよいのかが常に問われる。大映の渥美マリなどのニューフェイスを映画内でどのように使うのかは、会社側の宣伝売り込みの事情もあるし、社員監督として湯浅監督も拒否できるはずはない。東宝怪獣映画も事情は同じである。『シン・ゴジラ』でも、石原さとみが演じたアメリカ特使の役は、女優が複数いないと営業上弱いという会社からの要求を庵野秀明が飲み込んだ結果なのである。複数の要求が、物語の構造を変化させることもよくある。

怪獣映画の元祖のひとつである『ロスト・ワールド』（一九二五）は、ウィリス・オブライエンによる特撮が有名だが、ドイルの原作とでは設定が異なり、恋愛要素が全編に盛り込まれた。原作小説は、マローンという新聞記者が、「英雄になれ」と恋人（と思っていた）の女性にそそのかされ、チャレンジャー教授によるテーブル・マウンテンの恐竜調査に同行する話だった。

本来は男たちだけの冒険なのだが、映画では恐竜を描いた画家の娘で、手がかりを知っている女性を探検隊にくわえ、マローンと彼女との恋愛をからめた。ロンドンに戻ってきたときに、マローンの元恋人は将来性のある別の男と結婚していた。そこで二人は正々堂々と結ばれることになる。三角関係の解決に、恐竜や冒険が役立ったのである。けれども、ドイルの原作では、失恋の痛手から、マローンは再び男たちの冒険の旅に参加しようとするのである。

伝説的な『キング・コング』（一九三三）は「美女と野獣」のテーマであり、その後のフォーマットを作っている。これは秘境映画の女優となったヒロインが、髑髏島でキングコングの生贄として原住民に捧げられたのだが、コングが彼女を気に入るのである。しかも、この女優を挟んで、船乗りの男とコングが三角関係となる。ボーモント夫人の「美女と野獣」では、野獣が人間に戻って二人は結ばれるのだが、コングは野獣のままでは受け入れられない。コングのように人間に戻れない野獣には、ニューヨークに連れてこられて、最後にはエンパイア・ステート・ビルディングから落下する死が待ち構えていた。さらに言えば、「美女と野獣」自体ももっと古いアプレイウスが描いた「アモールとプシュケ」の物語の変奏だった（アッカルド『アプレイウスの変容』）。

この「美女と野獣」型の乗り越えられない愛の物語は、ロマンティックな「実現が叶わいない愛」「一方的な愛」の物語として定式化する。金子監督の吸血鬼映画『咬みつきたい』は、『ガス人間第一号』の書き換えでもあるが、これもロマンティックな美女と野獣あるいは異形の物語だった。

それをコミカルタッチのハッピーエンドに仕立て直したものである。だが、そもそも『吸血鬼ドラキュラ』が、異形の者の人間への愛を語るテクストでもあった。「異形＝野獣」から美女への愛が主題となる。そして、映画化もされた『ノートルダムのせむし男』や『オペラ座の怪人』といった怪物視され、化物扱いされた主人公たちの叶わない愛の物語の系譜に属している。

こうしたヒロインを恋愛軸で扱う怪物映画に対して、怪獣映画に「媒体＝霊媒」つまり巫女という存在を入れたのは、『モスラ』（一九六二）であった。中村真一郎をはじめ仏文学の素養のある原作者たちが、映画の途中で「メタモルフォーゼ」をする怪獣がいいだろうと、幼虫から成虫となる蛾の怪獣を導入し、華やかさをもたらした。そこにモスラに守られる者として、インファント島に住む小美人が登場する。原作小説では妖精のように描かれていたが、映画ではビジュアル的な要素から、アイドル歌手でもある双子のザ・ピーナッツが演じることになった。しかも、昭和ゴジラシリーズでは、小美人がゴジラとモスラの会話などの「怪獣語」を通訳する場面も出てくる。

草薙浅黄はガメラの心を読めても、直接会話できるわけではない。また、平成ゴジラシリーズの三枝美希がテレパシーによってゴジラと接触するのに対して、草薙浅黄は勾玉を媒体にすることでその能力が説明されていた。『ガメラ1』での「来るよ、ガメラはきっと来るよ」と最後のセリフを言えたのは、まだ勾玉をもっていたからだ。だが、『ガメラ2』のガメラが、仙台で炭化から復活してレギオンとの戦いに飛ぶときに、勾玉は割れてしまい「ガメラの考えはもう読めない」と関係が切れてしまう。それは、機械や道具をなくすと、コミュニケーションがとれなくなる現代生活をしめすのである。

その点で、浅黄の名字が草薙であるのは気になる。もうひとりの草薙である草薙素子を連想させるからだ。士郎正宗のマンガをアニメ化した押井守監督作品の『GHOST IN THE SHELL／攻殻機動隊』は一九九五年という『ガメラ1』と同じ年に公開された。しかも脚本を担当したのは同じく伊藤和典である。『機動警察パトレイバー』での進士《しんし》だの熊耳《くまがみ》だのといったネーミングでわかるように、名前の選択に独特の癖や拘りをもっていた。

草薙素子は、天才ハッカーを追う公安の人間である。ネットワーク社会が生み出した問題を解決するためにネットワークに飛び込む素子に比べると、浅黄は受動的に見えるが、『ガメラ3』では、ガメラが戦っているから、自分も逃げずにがんばると態度が変わっていく。それは「どんなときでもベストを尽くす」と断言する長峰のような人物に浅黄もなったということでもある。

巫女という問題とからんで、通信やネットワークさらにコミュニケーションが大きな意味を持つ時代がやってきていることが、押井と金子という先輩後輩関係の作品において、同じ伊藤和典脚本を通じて追求されていたのだ。

なぜなら「霊媒」を指すミディアムこそ、媒体としての「メディア」の単数形でもあるからだ（ただし霊媒の複数形はミディアムズである）。巫女の問題は、携帯電話やインターネットといった「電脳社会」の問題に他ならなかった。その点で、口を使ってしゃべらずに通信が可能な草薙素子が、超古代の勾玉を通じて交流する草薙浅黄と重なることが、伊藤和典脚本による二つの作品で示されていた。

そして、『ガメラ3』は人間どうしの理解の難しさにも触れている。それは、友人のいじめや親戚のいじわるとして現れる。他人を「東京もん」とか「家が大きいから」といった理由で威張っていると攻撃する子どもたちのコンプレックスは根深い。そして、綾奈の親戚も、村人たちからの圧力が嫌だからこそ改姓を勧めていて、「世間体」を気にしているのである。綾奈と弟は、どうやら松戸のおばさんには引き取られずに、日野原家で居候になっている。比良坂とは名字が異るので、常識的に考えて母方の親族の可能性が高い。それが余計に姉弟に圧力を掛けやすくしている。こうした世間がもつ圧迫感が、南明日香村に凝縮されているのだ。

じつは、この世間がもつ無言の力に関心をもって描いてきたのが、他ならない湯浅監督だった。湯浅監督が『おくさまは18歳』を始めるときに、神による裁きのない日本でいちばん力をもっているのが「世間知」と考え、佐々木守の脚本を得て高校生妻というタブーへ挑戦した（『ガメラ創世記』）。怪獣特撮でも、『ウルトラマン』の帰還した宇宙飛行士が怪獣とされてしまうジャミラを描いた第23話「故郷は地球」や、倒した怪獣を供養するという第35話「怪獣墓場」などの作品を書いてきた佐々木らしい考えでもあった。

ガメラ被害の当事者でもない龍成が、綾奈の気持ちをどれだけ理解できるようになるのかが鍵となる。龍成は、イリスによって自分の村が破壊され、さらに十束の剣によって直接柳星張を倒せず、綾奈を守れなかったことで、無力感を味わっていた。しかも綾奈は、イリスの体内で、自分の隠れた願望が、親戚や村人の惨殺につながったという事実を知り、「許して」と涙を流すしかなかったのである。

【金子版ゴジラへの継承】

平成ゴジラのなかでは金子監督が気に入ったと述べる『ゴジラvsモスラ』のモスラとバトラ、さらに、『ゴジラvsメカゴジラ』以来登場したゴジラジュニアは、ギャオスとイリスのように変種をめぐる設定を可能にした。遺伝子工学や生命科学といった知見がニュースを騒がせる時代に、単なる親子だけではない繁殖方法が日常的な感覚になっていたのだ。繁殖よりは増殖というのは、平成ガメラ三部作でもレギオンで追求された主題だった。

だが、『ゴジラvsデストロイア』で終了した平成ゴジラシリーズを受けた平成モスラシリーズは、完全に子ども向けで、昭和ガメラや昭和ゴジラの一部に戻ったような内容だった。演じているアイドルたちがミニサイズになり、小型のモスラやバトラに乗って戦う話だった。ミレニアムシリーズでゴジラが再スタートしたあとも、怪獣映画＝子ども向けの動きを止められるはずもなく、『2000』ではしっかり者の娘が大きな役割をはたす。次の『ゴジラ×メガギラス　G殲滅作戦』（二〇〇〇）は、田中美里が演じる女性兵士の物語となっていたのは、手塚昌明監督の要望だったという。そして、ミニブラックホールの兵器などのSF色を強めていた。

ゴジラ映画をずっと撮りたいと願っていた金子監督によるゴジラ映画『ゴジラ・モスラ・キングギドラ 大怪獣総攻撃』は、『劇場版　とっとこハム太郎　ハムハムランド大冒険』と併映されたが、明らかに観客層が異なる映画となった。子どもたちの間でのハム太郎人気は続き、次の『ゴジラ×メカゴジラ』にはハムスターを子どもたちが可愛がる場面が出てきたりする。だが、ゴジラ映画のゴジラを観て、子どもたちが怖くて泣き出す現象もここから始まったのだ。

子ども向けの傾向ときっぱりと縁を切るように、『大怪獣総攻撃』は、平成ガメラとりわけ『ガメラ3』でやり残した要素を継承している。被害の当事者の苦しみをどのように受け止めるのかという課題である。今回は伊藤和典や樋口真嗣は関与していないが、共通するスタッフや俳優も多い。特技監督の神谷誠も引き継ぎ、音楽も大谷幸だった。大谷は、歌手に曲を提供するだけでなく、アニメの『新機動戦記　ガンダムW』（一九九五―九六）などの劇伴音楽を多数担当している。金子監督作品を『山田村ワルツ』（一九八八）からいくつも手がけてきた。そのため、平成ガメラ三部作と『大怪獣総攻撃』には音楽上も連続性が感じられる。

しかも『ガメラ３』の最後で本土決戦の決意を告げる航空総隊司令官を演じた津川雅彦が、今回は官房長官として、アメリカの原潜を襲撃して孫の手島を襲ったのはゴジラだ、と発表する。津川の晩年のタカ派ぶりを考えると、このあたりの配役が板についているのも当然なのかもしれない。

当初は、『三大怪獣　地球最大の決戦』を下敷きにして、ゴジラと護国聖獣と呼ばれる国内出身の怪獣たちとの戦いとなるはずだった。そのときの候補は、バラゴン（『フランケンシュタイン対地底怪獣』で秋田の油田に出現）、アンギラス（『ゴジラの逆襲』で岩戸島に出現）、バラン（『大怪獣バラン』で東北北上川上流に出現）だったとされる。だが、知名度などを考えて、バラゴンだけが残り、モスラ（南洋インファント島出身）、キングギドラ（金星出身）という外来の怪獣が、護国聖獣として加わった戦いになってしまった。しかも、国内化するために、「呉爾羅」にあわせて、それぞれ「最珠羅」「魏怒羅」「婆羅護吽」と漢字表記までが作られた。

金子監督が『みんなあげちゃう♡』で刺青まで出したキングギドラがゴジラの敵となったのは、『三大怪獣』で登場したせいだが、一転して「護国聖獣」という「やまと」を守る怪獣に立場を変化したのはかなり強引に見える。だが、倒した敵が祟らないように神として祀る、という御霊信仰の考えが提示される。そして、自分たちの味方となった外来神の力で新たにやってきた敵を迎え撃つという、将棋の駒のような働きをするのである。護国聖獣が守るのは、現政権といった近代国家ではなく、大和言葉の「くに」となる。こうした設定も、『ガメラ３』における「柳星張＝イリス」

の表現を経たせいで生かされたのだ。そして、今回は、ゴジラ細胞もメカゴジラも関係がない。防衛海軍の立花准将と、その娘でBSテレビのやらせオカルト番組のレポーターをやっている立花由里を軸に物語は展開する。父親は五十年前のゴジラ襲撃で、幼少時に両親を亡くしたトラウマを抱えている。綾奈のパターンなのだが、今回のゴジラは昭和の正義の味方として位置づけられた歴史を完全にリセットしたゴジラである。ゴジラ被害の当事者であるわけだが、立花准将は、個人的な憎悪を、軍人としての公的な仕事へと昇華させるのに成功していた。

衛星放送の多チャンネル化などの情報ネットワークの多極化が描かれているが、若者たちを中心に過去の出来事への忘却が進んでいる。しかも、そこには「記憶」と「記録」の関係が隠れている。記憶する当事者が消えていくなかで、手がかりとなるのは、伊佐山という人物が書いた『護国聖獣伝記』だけである。これは本という記録の形で残ったものだ。だが、由里がその姿を目撃し、さらに面会してインタビューもおこなった伊佐山は、五十年前にすでに七十五歳だったのに、今も七十五歳に見える。取材のビデオテープのなかで、「ゴジラ＝太平洋の戦死者たちの残留思念」という説を述べたのだが、ビデオに映っていたはずなのに、のちにテープからその箇所が消えてしまう。伊佐山は、亡霊のように映像をすり抜けてしまったのだ。

伊佐山の話を娘から聞いた立花准将は、なぜ日本を守るために太平洋で散った英霊たちがゴジラになって日本を襲うのだ、と疑問を投げかける。それに対して「犠牲になったアジアの人と、アメリカ人と原爆で犠牲になった日本人がひとつになった」という被害者の共同体について由里は説明する。これは『ガメラ3』よりも当事者の範囲を広げた話となっている。伊佐山自体が残留思念に他ならないし、記録の消去だけでは、みなの記憶からまでは消せないのである。そして今回の騒動も、いつしか伝説や神話や怪談となって、たとえ歪んだ形であっても後世に残ることになる。

伊佐山は何よりも「過去を忘れるな」と警告していた。それは怪獣たちが来たら、いつでも被害の当事者となるという警告でもあった。その証拠に、護国聖獣たちは、封印している石を粗末に扱った者たちのせいで蘇ることになる。蹴飛ばして壊した暴走族をバラゴンが、略奪の際に犬を沈めるための重しに使った無軌道な若者たちをモスラが、そして自殺のために木に首をくくる踏み石にした男にキングギドラが出現するという具合だ（この自殺未遂男を螢雪次朗が演じていて、平成ガメラ三部作との連続性を感じさせた）。

彼らの行動は、タブーを破って「柳星張＝イリス」を蘇らせた綾奈の行為にもつながる。護国聖獣たちが守りたいのは、あくまでも山や川や土地であり、その上にある現在の国家とその成員というわけではなかった。もともと荒ぶる神を平定して、祟らぬように封印したわけだから、解放された力が、イリス同様に人間たちを守るはずもなかったのである。

護国聖獣と対決するゴジラも、伊豆諸島の孫の手島で、五十年前のゴジラの恐怖を忘れている者たちを襲う。それから、第五福竜丸が帰港した焼津港に上陸して、港の施設を破壊する。漁港の事務所には、「死の灰の記憶　原水爆のない未来を」という標語の啓発ポスターが貼られていた。だが、ゴジラの原点が忘却されている怒りをこめて、ゴジラによって壊されるのである。

過去の記憶と記録をめぐる問題は、由里がレポーターをするやらせオカルト番組を作るテレビ局「ＢＳデジタルＱ」で描き出されている。多チャンネル時代のマイナー局で、予算内でそれなりの番組を期待している企画部長に「お遊びのなかにも真実を伝えることが必要でしょう」と由里は詰め寄る。これはそのまま金子監督たちの自負でもあった。

そして、由里が自転車に乗って移動しながら、ゴジラたちの死闘を実況中継することで、記録されずに終わるかもしれない「今」が描き出される。そうした「ストリーミング」の感覚を与えるのは本来テレビの役目であり、観客が目の前で観ている映画とは別のメディア体験だった。過去の忘却を生み出すメカニズムが描き出されているといってもよい。ビデオテープの内容も消えて、視聴者の眼の前で中継内容も次々と消えてしまうとすれば、記憶以外に頼るものがなくなる。それこそが、由里の父親である立花准将を苦しめてきたものの正体に他ならない。

横浜沖の首都圏絶対防衛線という設定は『ガメラ2』の巨大レギオンの内陸での防衛戦の裏返しである。指揮をとっていた立花准将が、ゴジラの傷口からドリル式の岩盤掘削弾を打ち込んで致命傷を与えようとする。そして、海中でモスラと合体して千年竜王となったキングキドラと戦っているゴジラに、自ら特殊潜航艇で岩盤掘削弾を打ち込みに出陣する。

ゴジラは千年竜王に勝つのだが、立花准将の特殊潜航艇はゴジラに飲み込まれる。そこで内側から攻撃しようとする。そのときに、消化器官らしきゴジラの体内のようすが描かれる。これは、少年たちが小型潜水艦でガメラの中に入ったガメラ第六作『大魔獣ジャイガー』への応答でもあった。立花准将は内側から肩の部分に掘削弾で穴を穿つのである。ゴジラが吐き出した光線のエネルギーは、その穴から流出する。最後にゴジラは、自身の光線によって粉々になってしまう。ゴジラを最終的に滅ぼすことができるのは、ゴジラの力だけなのである。

聖獣たちと防衛軍の攻撃によって、ゴジラを自滅させることに成功した。もちろん、お約束どおり不滅なので、ゴジラの心臓らしきものが海の底で動いているが、とりあえず「くに」が守られたところで全編の幕が閉じる。しかも、ゴジラが粉々になりながら、断片が残っていることでゴジラが再生可能というのは、遺伝子工学とネットワーク時代の記憶の「復元」方法にほかならないのだ。

平成ガメラ三部作は、作家性を強くもつ金子監督のもとで、テクノロジーや人間社会の変化をとらえた伊藤和典の脚本と、カメラのローアングルや爆発への拘りを見せた樋口特技監督の手になる特撮が束ねられ、怪獣特撮映画を一段と飛躍させるのに成功した。本編と特撮の絵コンテを、金子・樋口の両名が分担しつつも、共同で作成したおかげで、場面のつながりや一体感を持ったのも、成功の一因であった。

そして金子監督自身はミレニアム・シリーズのゴジラ映画も完成させ、怪獣特撮映画の作り手としてガメラ映画とゴジラ映画のどちらも担当した現在まで唯一の監督となっている。さらに『ウルトラマンマックス』を演出したことで、テレビの特撮作品にも名前を残すことになったのだ。

第7章　角川映画としてのガメラ

【大映資産の継承とリメイク】

『ガメラ3』が公開された翌二〇〇〇年にカリスマ経営者だった徳間康快が亡くなり、経営再建のなかで、二〇〇二年には角川書店（現KADOKAWA）に大映の資産が移った。そして角川大映映画と名乗ることになる。さらに角川ヘラルド映画、角川映画と名称の変更を経て、現在はKADOKAWAの一部門となっている。

徳間時代には、平成ガメラ三部作が作られたが、『ガメラ4』は徳間傘下で作られることはなかった。だが、角川時代になって、十二作目となる田崎竜太監督による『小さき勇者たち〜ガメラ〜』（二〇〇六）が生まれた。新生ガメラと呼ばれたりもする。ガメラは資産が継承されるたびに、前作と繋がりつつも、位置づけや解釈が変わってきたのである。

角川が徳間から大映の資産を継承したのを受けて、他にもリメイクというよりも「リ・イマジネーション」に基づく作品がいくつか作られた（『大映特撮映画大全』）。ヒントをもらいながら、大胆に新しい要素を付け加えた作品となったのである。

二〇〇五年には、二十億円をかけたとされる三池崇史監督による『妖怪大戦争』が公開された。もとは、一九六八年の妖怪ブームに乗じた映画で、日本対外国の妖怪の争いを描いていた。古代バビロニアのダイモンという妖怪が、南蛮船に乗って江戸へやってくる。そこで、日本の妖怪たちが反撃するという内容だった。水木しげるの『ゲゲゲの鬼太郎　妖怪大戦争』（一九八六）と類似の発想をもっていた。

それが、今回の三池版での敵は「機怪」という物にとりついた妖怪を操る怪人であり、それと旧来の妖怪たちとの戦いの話へと読み替えられた。当時の怪談や妖怪ブームを反映し、さらに荒俣宏の原案に基づいていたので、『帝都物語』や実相寺昭雄監督の映画化と接合する作品となった。角川書店の小説や角川映画と、大映の作品とを結びつける形で「再想像」がおこなわれたのだ。

明らかに江戸時代中期の『稲生物怪録』に出てくる稲生平太郎にあやかった、稲生タダシという少年が、鳥取で母と祖父との田舎暮らしを始める。お祭りの大役に選ばれたおかげで、タダシがさまざまな妖怪たちと出会うのである。「帝都＝東京」を襲おうとする機怪たちはCGで、それと戦うおなじみの妖怪たちは、特殊メイクや造形物だった（『大映特撮映画大全』）。これは大好評に終わった。

また、『大魔神』も、テレビドラマの『大魔神カノン』として、二〇一〇年にテレビドラマとして製作された。大魔神に関しては、湯浅監督が脚本家の佐々木守とテレビドラマ化を考えていたが、結局は実現できなかった（『ガメラ創世記』）。今回は舞台を現代に移し、東映の仮面ライダーシリーズなどを作ったスタッフを中心に、山形県からやってきた大魔神と、蘇らせる歌を伝えるカノンという巫女の関係が描かれた。だが、深夜番組だったせいか、視聴者にあまりインパクトを与えずに終わってしまった。

ガメラに関しては、角川時代になってから、一本の映画と一本の予告編が作られた。これがどうやら平成三十（二〇一八）年現在までのガメラ映画の動きとなっている。二つの作品が、どのように昭和ガメラシリーズや平成ガメラ三部作を継承し、同時に不連続を作っているのかを見ていこう。

【少年映画として】

二〇〇六年四月に公開された『小さき勇者たち〜ガメラ〜』では、ガメラが副題のように扱われている。今回は、少年少女とそれぞれの親たちを中心に据えたホームドラマに、怪獣ガメラが関わる物語となった。大映の資産を引き継いだ角川映画は、以前の春樹社長時代のカラーを打破しようとしていた。安達祐実を主演に据えて、氷漬けになっていた恐竜の卵を少女が育てる『ＲＥＸ 恐竜物語』（一九九三）が、角川春樹監督の最後のヒット作品となったことを考えると、それに対する応答にもなっている。

『小さき勇者たち』の舞台は三重県の志摩にある海辺の町で、三十三年前の一九七三年に、ギャオスの群れとガメラが戦っている場面から始まる。ガメラが四頭のギャオスに襲われて、多勢に無勢で、負けかけたガメラが、仰向けとなってギャオスに肉をついばまれると、腹の文様を光らせ、自らを爆発させる。それを見て「自爆」「ガメラが人間のために」「助かったんだ」と人々は声をあげる。

ガメラの自爆によって、地元である高津岬の途中の部分が吹き飛び、先端が残って緋島となった。この出来事を目撃した少年が、主人公である小学五年生の相沢透の父親だった。現在はチャーハンなどの定食を出す「あいざわ食堂」を営んでいる。そして、透の母親が春先に交通事故で突然死んでしまった喪が明け、三ヶ月ぶりに店を開けて、父と子で生活を始めるのである。「母さんのいない初めての夏」の物語だった。湯浅監督作品以上に子どもに視点を置いた作品となっていた。

透の家の隣に、西尾真珠店があり、父親同士は友だちだった。そして西尾の娘の麻衣は中学生だが、透の幼馴染である。麻衣は心臓に疾患があり、この夏に手術をひかえている。そんな折、透は緋島で光る赤い石の上に卵を発見する。それがトトの卵で、手のひらで割れて、なかから子亀が出てくる。こっそり持ち帰って自宅で育てるのだが、トトは飛行能力をもち、みるみる成長する亀であった。ガメラとの類似を危惧した麻衣に、捨ててこいと命令されるが、結局捨てきれずに透は家に持ち帰ってきてしまう。

透が母親を喪失した子どもであっても、昭和ガメラのように「姉」を出さなくてすむ。というのも、食事は透の父親が食堂を営んでいるので、徹が店のカウンターで定食を食べる場面が出てくる。しかも、父親は掃除もまめにする人物である。家事の心配がないので、姉代わりとなる隣の家の麻衣に、アイドルとして売り出す夏帆を配役できたのである。透が隣の家の麻衣を女性として意識する場面が脚本などには存在したが、最終的にはカットされた。そのため、余計に擬似的な姉弟の関係となっている。金子監督が「「性」と怪獣とはどこか深層心理学的に切り放せない存在ではなかろうか」(『ガメラ監督日記』)と指摘する要素が薄れてしまったのだ。

その代り、透は亡き母親への固着をもっていた。時折、生前の母親の姿がフラッシュバックするのだ。昭和ガメラでも、母親が不在である孤独を癒やすものとして、俊夫が亀を、英一がガメラを愛好していたのに通じる。トトも透にとり心のもの足りなさを埋めてくれる存在だった。ただし、母親代わりの姉ではなくて、隣の麻衣との関係が描かれたように、昭和ガメラの素朴な子ども像からは離れている。

その違いが明白に表れるのは、たとえば、墓参りで父親が「母さんは空から見ている」というのに対して「いいよ、そういうの」と返答し、実は白い骨になっている、と独白するところである。どこか醒めている。また、友だちのイシマル兄弟に海に入るように誘われてズボンを脱がされそうになったとき、怒って離れるのだが、すぐに「怒ったの本気にした?」とお道化てみせる。このあたりに、素朴とか素直では割り切れない子どもの姿が描かれている。

ガメラ映画にこうした物語が導入されたのは、原作と脚本を担当した龍居由佳里が、怪獣特撮作品をほとんど観た体験がなかったことが一因だった。平成ガメラ三部作のように、本編も特撮も含めたスタッフが怪獣オタクの少年たちが大きくなって作った映画ではない。龍居はそれまでテレビドラマで「家族」を描く脚本家として知られていた。和久井映見主演の『ピュア』(一九九六)や中居正広主演の『白い影』(二〇〇一)や『砂の器』(二〇〇四)を成功させていた。しかも、『小さき勇者たち』は龍居が担当した初めての映画作品であった。

龍居は、平成ガメラ三部作のなかで、『ガメラ3』に感銘を受けたと証言している(『パーフェクション』)。ただし、そこから継承したのは黙示録的なイメージではなく、綾奈がイリスを「飼育」していた点だった。それによって『大怪獣ガメラ』での俊夫とチビの物語を継承することになった。灯台の下の崖に隠した「チビがガメラになったんだ」という亀マニアの俊夫の錯覚を、ここでは透とトトとの関係で実現した。その意味では原点回帰となっている。トトには実際のケヅメリクガメを使用したのだが、これはアフリカ産のワシントン条約で移動が制限されている亀であり、北米のミドリガメとおなじく外来種なのである。

透はトトが成長を始めると、父親に隠れて拾ったトトを室内にどのように隠すのかに苦労する。

そして、麻衣にガメラになるかもしれないと脅されたことで、海辺の小屋に隠すのだが、たちまち巨大化していく。ただし、ガメラとなったトトは、今回、造形などに平成ガメラ三部作と同じスタッフがいながらも、目が大きくて愛らしさを強調したものとなった。

子どもが偶然手に入れた動物を飼育するのに四苦八苦するのは、子ども向け作品の王道の主題である。しかも現実のペットと同じく、大きくなると処置に困るのである。『小さき勇者たち〜ガメラ〜』は、『大怪獣ガメラ』の俊夫とチビの関係を超えて、映画やアニメにもなったマージョリー・キナン・ローリングスの児童小説『子鹿物語』（一九三八）や、スピルバーグ監督の『Ｅ．Ｔ．』（一九八二）の系譜とつながっている（『ＲＥＸ　恐竜物語』はまさにその系譜である）。

『子鹿物語』では、ペットとして飼った生き残りの鹿が成長して、手に負えなくなったために自ら殺すことで成長する少年の話であった。育てておきながら、野生化して人間に害をなすと殺害してしまうのである。そして『Ｅ．Ｔ．』は、異形のものを自宅に飼うが、どのように逃がして宇宙に返すのかを選んでいる。それは野生のものを野生に戻すという選択であった。

物語の行方としては、どちらかをたどるのが普通である。そして、どちらも小さなペットが成長につれて手に負えなくなることを予告している。とりわけ外来種のペットの野生への放置は、日本の生態系に影響を及ぼすものとして警告されてきた。『小さき者たち』も環境省とタイアップして「捨てたらダメラ」というキャンペーンをおこなったのである。とはいえ、今回の映画は、エリマキトカゲのような怪獣ジーダスの出現が、外来種による環境汚染とつながるといった社会問題へとは向かわず、志摩の美しい風景のなかでの、少年のひと夏の体験の話となっている。

透は母親を亡くした空虚さを埋めるためにトトの飼育へとのめり込んでいく。透が亀につけたトトという名前は、透が母親に呼ばれていたあだ名であった。透自身は、亀の歩き方がのろく、リズムよく歩けないのを「トト」と表現したのである。この育てたトトが巨大化し、成長していくのは、透自身が母の思い出を克服することとつながる。そして、最後にトト＝ガメラがジーダスを倒して、空に向かって回転ジェットで上っていくのを見届けたことで、母親が空から見守っている、という父親の言葉が信じられるようになる。

映画のノヴェライズ小説とは別に、原作者の龍居自身による小説『僕とトトの物語』が発表された。映画とはエピソードの配列なども含めて細部が色々と異なるのだが、「その夏、透の身長は二センチ伸びた。少しだけ、大きくなった」という文で終わる。この映画に龍居が込めた思いがここに凝縮されている。トトは巨大化し飛び去ったが、透は大人の世界に一歩踏み入れたのである。映画は、最後に透がトトではなく「さようならガメラ」と言うところで終わる。

このように人間ドラマが中心となり、出来上がった作品は、どこか往年のNHKの少年ドラマシリーズの一作、たとえばガメラの自爆事件があったとされる一九七三年に放送された『つぶやき岩の秘密』のような趣きをもっていた。太平洋戦争に隠された黄金をめぐる大人たちの醜い争いを描いた新田次郎の児童文学が原作だが、石川セリが歌った主題歌「遠い海の記憶」も有名である。「紫郎は自分が今までの自分と少し違っているような気がした。今船を漕いでいるのは新しい紫郎なのだ」というのが最後のナレーションだが、それはトトが大きくなって去っていくときに透が感じたものと似通っている。その意味で、少年を主人公にした成長物語の展開をもつ王道的な作品だったのだ。

【怪獣特撮映画として】

しかしながら、『小さき勇者たち』を怪獣特撮映画としてみた場合には評価が少し変わってしまう。田崎監督は、東映でスーパー戦隊物や平成仮面ライダーシリーズを作ってきたので、子どもを出すから子ども向け、とならない点を熟知していた。子ども中心というガメラ映画の方向性に懐疑的だったが、龍居脚本を読んで映画化できることも考えたという（『パーフェクション』）。ガメラが副題的に扱われた理由はそのあたりにある。

田崎監督は、テレビシリーズからスピンオフした劇場版を三本ほど監督した経験はあったのだが、企画を一から作り上げた映画は今回が初めてだった。角川ヘラルド映画のプロデューサーたちが、田崎監督、龍居脚本、そして音楽の上野洋子を選択したのは、ガメラ映画に新風を吹き込むためだった。春樹時代の「角川映画」像と決別するためにも、中心に来るスタッフが大映、日活、東宝といった撮影所出身ではなく、テレビの現場育ちの世代となった。

連続放送のテレビドラマは、仮面ライダーなどでは正味二十数分、あるいは連続ドラマでは五十分に満たないエピソードを積み重ねていく。次の放送までに一週間あるので、その間に視聴者のなかで世界観への納得や疑問が熟成され、続きへの期待となる。そのリズムがヒット作を生み出す。田崎監督がそれまで監督した三本の映画も、テレビ作品の劇場版だったので、観客はテレビ作品の仮面ライダーの世界観やキャラクターを熟知して鑑賞できた。場面設定や人物関係の説明をしなくても、すぐに了解してもらえたのである。

ところが、ガメラの名称自体はそれなりに知られていたが、今回は、「リ・イマジネーション」として再出発し、ガメラの造形から、物語内のあり方まで一新された。特撮中心のガメラ映画として見た場合には、少年のひと夏の体験という映画の美点が、対決や破壊の少ない欠点や不満点として感じられてしまう。本編と特撮のバランスをとることが、怪獣特撮映画の特徴であり、そこに毎回工夫が必要となるのだ。

第一に、敵対する怪獣であるジーダスが出てくるのがかなり遅い。これはガメラ映画のなかでは、第二作の『バルゴン』並みかもしれない。オパールと間違われてニューギニアで奪われたバルゴンの卵が、水虫治療機の赤外線で大きくなるのが、始まって三十四分くらいからだった。それに対して、ジーダスの出現は、沖縄あたりの漁船の遭難事故のニュースとして流れてはいるが、港を襲うのは、映画が始まって四十分が経過している。『バルゴン』も『小さき勇者たち』も、冒頭にガメラの活躍が短く示されている点も似ている。ただし、今回の映画の中心は敵怪獣のバルゴンではなくて、ガメラの成長物語となっている。

一九七三年以来、巨大生物の脅威を説き、密かに緋色真珠からガメラのエネルギー源を研究している雨宮教授は登場するが、脅威として怪獣をとらえる国家のレヴェルと、透たちの日常生活とのつながりは薄い。トトが成長すると港にいきなり警報が鳴り響き、ジーダスが襲ってくる。ガメラの増殖や繁殖に関する設定も、平成ガメラ三部作のような、器とマナの関係をもつ生体兵器ではなくて、卵から生まれ、巨大化し成長するために赤い石（緋色真珠）を必要とする生物となった。「アヴァンガメラ」と呼ばれる冒頭に登場するガメラは自爆したのだが、果たしてトトがその子どもなのかは映画内ではわからない。

三十三年間眠っていた卵だが、二頭のガメラの交代そのものに、平成ゴジラの『ゴジラvsデストロイア』のような劇的な意味を伴わなかった。透が抱いている不安は、トトがガメラとなって、自爆を繰り返すことなのである。ここには敵の怪獣を倒すために戦い「強いぞガメラ」とか「がんばれガメラ」と子どもたちから声援を受ける単純なガメラはいない。子どもたちのあり方が昭和ガメラの時代とは異なってきたように、テロリズムの時代に自爆するガメラは、現実の戦争を連想させる要素が多いのだが、それだけに観客にきちんと理解されなかった。

第二に、ガメラと怪獣とが戦う場面が相対的に少ない。戦いは四段階あるが、ギャオスとアヴァンガメラが戦っても、それほど強いイメージを残さない。ガメラの自爆は人々を救うためにおこなったと説明される。志摩に出現したジーダスと戦ったときには、小さいままで互角に戦えなかった。八メートルほどに成長したトトを、政府が雨宮教授に依頼して、ジーダスと戦えるまで名古屋の研究所で巨大化させる。そこに襲ってきたジーダスと戦っても、今度はエネルギー源が不足していた。

そしてビルにトト＝ガメラが突き刺さった状態で、最後には、透から赤い石をもらう。それによって、火球も出せるようになるし、ジェット噴射も可能となる。つまり、平成三部作などのガメラファンが見慣れたガメラになるのは、あくまでも最終段階においてだった。しかも、ガメラの造形も目が大きくて愛らしいのである。これは、しだいに造形を戦闘的なものに変えた平成ガメラ三部作の揺り戻しだろう。

その代わり、子どもたちがガメラの戦いに参加する様子が描かれる。『ガメラ3』が、南明日香村で始まって、京都の炎上に向かったように、『小さき勇者たち』は、志摩で始まって最後は名古屋に向かう。麻衣が心臓の手術のために入院し、彼女に透が渡した赤い石が、トト＝ガメラを活性化せるエネルギー源となる。名古屋に向かった透たちは、病院ごと避難した麻衣を見つけられなかったので、赤い石を手に入れることができなかった。その赤い石を麻衣から透に届けるために、走って逃げる大人たちに逆らって、見知らぬ子どもたちが次々とリレーをする。

映像的には「ガメラは少年のために。少年はガメラのために。」というキャッチコピーのように、ガメラが子どもたちの味方なのではなくて、子どもたちがガメラの味方となったのである。このあたりが、平成ガメラ三部作でのガメラが、破壊によって街全体をゆるがす脅威を与えるのを見慣れた観客には物足りなかったのだ。しかも、前半で、透の屈折した気持ちが示されていたのに、子どもたちと素直に連帯できる展開になっているのを納得できるかどうかが、評価の分かれ目となった。

第三に、ガメラ映画には珍しい父と子の対立を導入して、トトは、はたして亀のトトなのか、怪獣ガメラなのか、という対立と重ねていた。この父と子の対立は、『大怪獣ガメラ』の灯台守の父親が、叱ってペットの亀を捨てさせるのとは異なり、新しい可能性を見せている。ただし、はっきりとした対立が提示されるのが後半だったので、映画全体を支配する大枠とはならなかった。

父親自身の三十三年前の記憶は、ガメラとギャオスの戦いで家や人が喪失したトラウマではなくて、眼の前でガメラが自爆して人間を助けてくれたほうにある。これは、父親が透にとって、大人と子どもの判断の違いをしめして、立ちふさがる設定としては少し弱かった。父親が肉親の喪失の傷と克服の体験をもっていると描かれているわけではないので、母を失いトトへと逃げる透の心理のほうが切実に感じられ、父から子へと思いを受け継ぐように見えないのだ。

透の父親を演じた津田寛治は、『仮面ライダー龍騎』(二〇〇二—〇三)で、主人公が勤める「ORE ジャーナル」というニュース配信会社を経営している人物を演じていた。警察の腐敗を暴くといった記事をケータイ配信しているのだ。『龍騎』は、『クウガ』や『アギト』に続く第三弾として、複数のライダーが活躍する平成仮面ライダーの路線を確立した。その第一話と第二話のいわゆるパイロット版を田崎は担当したのだ。

『龍騎』は、アメリカの9・11の同時多発テロを受け、十三人の仮面ライダーどうしが戦う世界観をもち、ミラーワールドという逆転した世界で主人公が戦うようになるまでが、冒頭の二話でテンポよく示されていた。石ノ森章太郎による漫画版の『仮面ライダー』（一九七一）にすでに描かれていた、同じ改造人間として仮面ライダーが殺し合いをする物語が、この時期にふさわしいと思われたのだ。こうした田崎演出を期待していた観客には、『小さき勇者たち』のとりわけ前半部分は期待はずれとなったのかもしれない。

田崎監督は映画の前半でコミカルな要素と叙情的な要素を追求した。たとえば、透と友だちのイシマルとその弟がスケートボードをするのと、トトが透の父親が食堂で調理をしているのを飛んだり跳ねたりして邪魔する（？）行動とが、映像的にリンクする。これは第七作の『深海怪獣ジグラ』で、イルカと子どもたちの歯磨きなどの行動をリンクさせたシーンを連想させる。また、海辺で、麻衣が心臓の手術が怖いと告白するのを透が見上げるところは、彼女がトトとは異なる魅力をもっていて、亡くなった母親の代わりとなる対象としての姿を垣間見せる。だが、物語は、透がトトか麻衣かを選択する方向には向かわなかった。

その代わりとして、トトをめぐる父親と透の対立がある。それはジーダスに襲われた後で、町の避難所で明らかになる。「トト＝ガメラ」を認めない透と、ガメラに対処するのは大人なのだから、諦めろと説得する父親が言い争う。そして、透とイシマル兄弟は、ガメラを元気づけるために、名古屋にいる麻衣から赤い石を受け取ろうとして、名古屋へと出かける。プラットホームに並んで待ち、名古屋行きの列車に乗り込む少年たちは、冒険の可能性と、大人になる旅をしめしていた。麻衣の病院にたどり着くまでに、湯浅監督の『ボクは五才』のような展開もありえたかもしれない。ところが、病院はすぐに見つかり、その過程はあっさりと描かれてしまう。

こうして見ると少年映画として、魅惑的な瞬間はいくつもあるが、全体としてまとまったときにそれ以上の印象が残りにくかった。ひょっとすると、正味九〇分の本編を四分割して、田崎演出による四回のテレビドラマとして完成していたならば、スピーディーな展開をもつ特撮作品となって印象も変わったかもしれない。だが、それでは前半の叙情的な要素を削除することになり、あえて盛り上がりを後半にまとめた映画の意味を失う。映画とテレビにおけるエピソードを提示するリズムの違いを考えさせられる作品だった。

『小さき勇者たち～ガメラ～』は、『宇宙怪獣ガメラ』とは別の意味で、従来のガメラ映画ファンからの評価を得ることが難しかった。平成ガメラ三部作やミレニアムシリーズのゴジラを体験した特撮もののコアなファン層を惹きつける要素が乏しいのである。フェミリー向け作品としては、同じ松竹系列でひと月前に配給された、獣医師がキタキツネの子どもを育てる実話に基づく『子ぎつねヘレン』(二〇〇六)が興行的に成功していた。それに対して、今回の少年が亀を育てる話は親子の観客を惹きつけるという興行上の人気を得ることができず、平成ガメラ三部作のようにシリーズ化されることはなかった。

【期待をいだかせた予告編】

『小さき勇者たち～ガメラ～』が、『大怪獣ガメラ』四十周年の作品だったとすれば、五十年周年にあたる二〇一五年には、何らかの動きがあると考えられていた。再稼働（リブート）が予想できたが、その期待は、アメリカのコミコンで先行公開されたガメラ映画の予告編として現れた。現在も「ガメラ五十周年記念」サイトが存続していて、視聴できる。これは、石井克人監督による『ガメラ二〇一五』の四分ほどの予告編である。映画への期待を煽る「ティーザー」であったが、結局このプロジェクトはしりつぼみとなり、本編が作られる動きは止まってしまっている。

予告編は「10年前　東京」という字幕で始まる。ギャオスが来襲して街が破壊され、父親と息子が走って逃げるところから始まる。『小さき勇者たち』を引き継いで、父と子の物語としての展開が予想された。しかも、「走れ」と我が子をそそのかす宮藤官九郎が演じる父親は、逃げおおせたら「ラーメン大盛りだ、餃子もつけるぞ、ゲームもやり放題だ」と煽るのである。そして我が子を逃すために、ギャオスに食べられて犠牲者となった。

どうやら『小さき勇者たち』のような父親が目撃者の物語ではなくて、父親を喪失した体験をもつ息子の物語として扱おうとしていたのだろう。そして「まなぶ」と呼ばれた息子は、父親が落とした双眼鏡を拾って、ギャオスに食べられそうになる。そこにガメラが出現してまなぶの生命を救い、火球を吐いて東京上空に群がっているギャオスたちを焼き払う。「そして、僕は」「一人」「生き残った。」と字幕が出る。ガメラはビルが焼け野原となったなかに咆哮を響かせるのだ。

次に「10年後　東京」となり、新種の怪獣に襲われている様子が描かれる。人々が逃げ回り、どうやら怪獣は球体の光線のようなものを飛ばして、ビルを破壊していく。「僕は再び」「目撃した。」と字幕が出る。どうやら形見の双眼鏡をもち、前よりも大きくなったまなぶの下半身が映り、ガメラがやはり咆哮する場面で終わっていた。

予告編のガメラは、『小さき勇者たち』のような可愛らしさを喪失して、再び平成ガメラシリーズのような精悍な顔立ちになっていた。どうやら子どもの味方らしいが、この世界は、もっと過酷な状況にあることがわかる。ある意味で『ガメラ3』の続編ともなりえる設定に思えた。

多くの期待が集まったが、このCGで作られたガメラが活躍する場は現在まで与えられていない。そこに映画という興行の難しさがある。一種のパイロット版としての「ティーザー予告編」ではあったが、必要な資金や人材が集まらなかったのであろう。予告編という火球を出すことまではできたが、回転ジェットで飛ぶ本編を作り上げるのは無理だったのである。サイトにある「帰還」という文字が虚しいまま年月が過ぎてしまった。

おわりに　昭和から平成へ

昭和ガメラから平成ガメラまでの十二作を通して見てくると、個々の作品の違いはもちろんあるのだが、ガメラというキャラクターを通して、映画が置かれている社会の状況や意識の変化がよくわかる。東宝のゴジラの後追い企画として、大映という撮影所で誕生したガメラだが、それだけに怪獣特撮の映画やテレビのエッセンスが取り込まれてきたともいえる。しかも、昭和の映画の低迷期を生き延びるために、思わぬアイデアが生み出され、コストカットも工夫されたのだ。

時代のなかで変化したのは、ガメラや敵怪獣の造形だけではない。ガメラが精悍で凶暴になるのか、それとも愛らしくなるのかは、選ばれた物語と関係してくる。大きく目立つのは、家族像である。子ども向けを視野に入れたファミリー作品だけに、怪獣特撮映画は、どのような家族像を提示するのかに工夫をこらす。父と娘が軸となるゴジラと異なって、ガメラでは姉と弟という設定が多いことがわかる。それが『大怪獣ガメラ』以来のひとつのフォーマットだった。原点を参照することで、後続の作品はそれに縛られていくものなのだ。

しかも、「ガメラは子どもの味方」というのが、大映社長の永田雅一の考えの根底にあった。これは湯浅監督にとっては、むしろ広げるべき方針となり、昭和ガメラの後期では、子どもたちが活躍した。それ以降の監督たちは、ガメラ映画を「お子様ランチ」とみなして反発しながら、会社側の要求と折り合いをつけるのに苦労してきた。他ならない「ガメラは子どもの味方」という枠や制約をどのように読み替えるかによって、ゴジラとは異なった陰影が作品に与えられてきたのだ。それが平成ガメラの特徴ともなった。

怪獣に関して言えば、昭和ガメラの第三作でギャオスを見出したおかげで、ガメラ映画は生き延びることが出来たのである。ギャオスは、ゴジラ映画におけるモスラやキングギドラのような好敵手となり、昭和ガメラの後半のシリーズで生み出されたバイラスやギロンといった怪獣たちによっても地位を脅かされなかった。結局、その後の平成ガメラは、ギャオスを変奏させることで、敵のイメージを作りあげてきた。宇宙ギャオスによって複数の可能性がしめされ、それ以降も群れ飛ぶギャオスが、空を飛ぶ単体の亀と対になって活躍するのだ。

昭和ガメラの高橋二三脚本が融通無碍なせいもあって、ガメラ映画に高速道路建設から、宇宙開発、万博まで何でも題材が取り込まれてきた。冷戦の核戦争の恐怖や、プルトニウムや、環境汚染など社会や政治の問題を扱っても、あくまでも物語をおもしろくさせ、リアリティを感じさせる「口実」にすぎないという考え方もある。ところが、事情はまさに逆であり、怪獣を登場させて戦う物語を作るのに、そうした題材を必要とするところに、怪獣特撮映画の難しさがあるのだ。たとえ、自衛隊の戦闘場面を出そうにも、何らかの理由もなしに軍隊が動くことはない。災害救助であっても出動は政治的な案件だからだ。

そして、描写が現実の自衛隊に近づけばそれだけ、言葉遣いから具体的な行動までをなぞる必要が出てくる。映画のなかで、現在の日本の兵器でおこなえる戦闘をシミュレーションして、表現出来る数少ないジャンルが、怪獣特撮映画なのである。それは、少数の選ばれた者が戦うテレビのウルトラマンや仮面ライダーといった今も続く特撮シリーズとは方向性がかなり異なっている。

昭和ガメラの場合には、当初は湯浅監督などが撮影所の社員だったので、スタッフが怪獣特撮映画をどうしても作りたいという欲求をもっていたわけではなかった。会社に利益をもたらす企画を追求していったにすぎない。その代り、予算不足のなかでも、職人的な誇りを胸に、造形から特撮までを可能な範囲で仕上げていった。その姿勢は、「サラリーマン」的な企業人の論理が通用する昭和時代の名残でもあった。

それに対して、金子監督による平成ガメラ三部作は、怪獣特撮番組を観て育ったスタッフが作り上げた作品だった。現実味のあるドラマとして、自分たちが観たい映像を作り上げるために、努力と工夫を惜しまなかったのである。特撮もローアングルを採用したり、爆発も銀を入れた派手な演出ではなくて、現実の燃焼に近いものにし、ＣＧと着ぐるみを巧みに使いこなしていた。その技法は、ゴジラ映画や角川製作のガメラ映画などにフィードバックされていく。ゴジラ映画を手本にして生み出されたガメラ映画が、技術や発想において影響を与える相互作用が、文化の厚みを増してきたのだ。

そして、二十一世紀になり、ハリウッドから重厚なＣＧによる「カイジュウ」映画が襲来するようになると、日本の怪獣特撮映画は新しい局面に立たされた。ゴジラ映画として、『シン・ゴジラ』や劇場版アニメ三部作など、対抗する作品が発表されてきた。だが、二十世紀末には先端を走っていたガメラ映画は、ゴジラのような日本発の傑作を生み出せていない。またもやゴジラに一歩遅れてしまった。けれども、歩みののろい亀に逆転するチャンスがあるように、ガメラはまだ開拓の余地のあるコンテンツなのだ、と私は思う。

あとがき

これは、ゴジラと並ぶもう一つの「G作品」であるガメラに関する本である。今まで作られた『大怪獣ガメラ』から『小さき勇者たち～ガメラ～』までの十二作品そして二〇一五年のガメラ予告編までのすべてを扱って、昭和ガメラと平成ガメラの特徴について考えてみた。

ゴジラが一貫して東宝の所有物なのに対して、ガメラは三つの会社を通り抜ける運命を与えられた。永田雅一の作り上げた大映という会社が倒産し、徳間康快の作り上げた徳間書店によって再建された。だがこれも徳間社長の死去で負債の返済を迫られ、経営再建のために、徳間書店から角川書店（現・KADOKAWA）へと映像資産が移ったのである。

別の見方をすると、コンテンツが散逸せずに保全されたのは幸運なことだし、デジタルリマスター化によって、以前よりも鮮明な状態で鑑賞できるようになったのも、ありがたい出来事である。解像度に限界のあるビデオテープではなくて、フィルム作品だからこそ、鮮明化作業に限りはないのである。そして、今回は作品ばかりでなく、ガメラ映画における湯浅監督や金子監督の特徴についても多少突っ込んだ議論ができたと思っている。

＊

正直、子どもの頃、歌はよく歌ったが、昭和ガメラはあまり好みではなかった。そのガメラの価値を見直すことになったのは、平成ガメラ三部作になってからだった。それも『ガメラ2』が札幌を舞台にしていたのがきっかけである。自分の生まれ故郷がどんな風に描かれているのかが気になっただけなので、かなり満足はしたが、ガメラ映画ファンとして観たわけではない。昭和シリーズなどの過去作にまで遡る気は起きなかった。

昭和のガメラ映画を考え直すきっかけは、『モスラの精神史』に続き、『大魔神の精神史』を執筆していたときだった。二本立て興行の応答関係に興味があったので、昭和三部作などを観て、『バルゴン』の美術や、『ギャオス』のギャオスの造形に感心したのである。ただし、そのときも、『大魔神』三部作の分析が主であり、『ガメラの精神史』を書こうとまでは思わなかった。

ところが、ゴジラなどに関して『ゴジラの精神史』や『新ゴジラ論』と書き進めていくなかで、ガメラ映画とゴジラ映画を合わせ鏡で考えると、何か見えてくると思えてきた。とりわけ昭和ゴジラシリーズの後半と、応答や連動する部分も感じられた。ヘドロ公害をとりあげた『深海怪獣ジグラ』と『ゴジラ対ヘドラ』が一週間違いで公開されていたことなど、注目すべき点も見えてきた。しかも『ウルトラQ』を、昭和、平成どちらのガメラも意識しているとわかったのである。『ウルトラQの精神史』を書いておいて本当によかったと思えた瞬間である。

考えてみると、一つの怪獣キャラクターを中心にした長年におよぶ映画シリーズは、ゴジラ以外にガメラくらいしかない。というわけで、本書を書くことは不可避だったのだろう。おかげで、大映について考える二冊目の本ともなった。特撮関連としては、これで六冊目となる。モスラについて書いたときには、そんなつもりはまったくなかったのだが、ずいぶんと長い付き合いとなってしまった。

＊

これはまったく個人的な体験なのだが、二〇一八年の八月末に本書の全体の第一草稿を書き上げ、九月から北海道で改稿作業をしていたときに、六日に起きた胆振東部地震による「ブラックアウト」に遭遇した。朝起きると電源はすべて落ち、携帯電話には緊急地震速報が表示されていた。インターネットとの接続はタブレットで可能だったが、情報検索も通話も、減っていく電池を心配しながらおこなった。改稿作業中のパソコンのバッテリーの残量もすぐに底がついてしまった。

幸いにも一日で送電が回復したので、生活そのものの不安はなくなったが、田舎でテレビなどの通常の情報手段が無くなる不便を感じるとともに、公衆電話や携帯ラジオなど古いとみなされた技術が災害時に有効なのが印象的だった。キャッシュレスの決済が、ネットワークのダウンで使えない状況も起きて、コンビニで物を買う際にも、やはり現金が便利だったのである。

『ガメラ2』は、冬の札幌を舞台に危機的な状況のシミュレーションとなっていた。物流の象徴として百貨店が壊された。また、仙台では「仙台物産」という建物が崩れる。携帯電話をかけているビジネスマンが、地下から突き出す草体に吹き飛ばされるのが印象的である。「ブラックアウト」後の電力不足の状況が、エネルギー問題に関する意識を新たにしたのである。通信ネットワークだけでなく、送電が復旧するまで、路上の信号も停止していた。バスなどの公共交通機関が運行停止になったし、信号が点かない夜間に起きた衝突事故によって、車が横転している状況も目撃した。

二〇一八年は、これ以外にも六月の大阪北部地震、七月の西日本の豪雨、さらに台風21号や24号によって日本中に大きな被害が出た年となった。実際、台風21号で京都の駅ビルの天井のガラスが落ちたとき、SNS上に『ガメラ3』でのイリスとガメラの場面が思い出されるという反応が多数あがっていた。私たちの想像力にガメラ映画が深く入り込んでいるのだ。

＊

文中では敬称を略したことをお許しいただきたい。また、事実誤認や思わぬ誤記があるかもしれない。ご指摘いただければ幸いである。

縁あって、平成ガメラ三部作の金子修介監督から直接当時のお話をうかがわせていただくことができた。そのおかげで草稿段階での誤謬をいくつか訂正し、情報の補足ができたことを深く感謝したい。

今回『ガメラの精神史』の執筆を強く勧めてくれたのは、編集者の高梨治氏である。独立して新しく始める小鳥遊書房のラインナップに加えたいと申し出てくれた。その期待に応えていれば幸いである。

二〇一八年十一月

小野俊太郎

主要参考文献

※ガメラ映画に関しては、角川書店（現・KADOKAWA）のDVDと北米版のブルーレイを参照した。

【ガメラ映画全体を横断したもの】

角川映画編『大映特撮映画大全　大怪獣空想決戦　ガメラ対大魔神』（角川書店、二〇一〇）
OMEGA遊撃隊『強いぞ！ガメラ』（徳間書店、一九九五）
野間典和『ガメラ完全化読本』（パラダイム、二〇〇一）
『ガメラ最強読本──全11作品を完全網羅！』（宝島社、二〇〇三）

【昭和ガメラ関連】

高橋二三他『ガメラ・クロニクル』（ソニーマガジンズ、一九九九）
唐沢俊一『ガメラ創世記 ─映画監督・湯浅憲明─』（エンターブレイン、二〇〇六）
竹内義和『大映テレビの研究』（澪標、二〇〇五）
『ガメラ画報──大映秘蔵映画五十五年の歩み』（竹書房、一九九六）
宇井寿之編『ガメラから大魔神まで　大映特撮映画のすべて』（近代映画社、一九九四）
講談社コミッククリエイト編『特撮ヒーローBESTマガジンVOL.4』（講談社、二〇〇五）
小野俊太郎『大魔神の精神史』（角川書店、二〇一〇）
中島賢『スタアのいた季節　わが青春の大映回顧録』（講談社、二〇一五）
菊池夏樹『菊池寛と大映』（白水社、二〇一一）

【平成ガメラ関連】
電撃ホビーマガジン編集部編『平成ガメラ　パーフェクション』（KADOKAWA／アスキー・メディアワークス、二〇一四）
金子修介『ガメラ監督日記』（小学館、一九九七）
テレビランド編『平成ガメラスペシャル　大怪獣空中決戦』（徳間書店、一九九五）
岸川靖構成『ガメラ全記録――大怪獣空中決戦』（徳間書店、一九九五）
樋口真嗣『ガメラ2　ultimate chronicles』（徳間書店、一九九六）
『ガメラ2　レギオン襲来　絵コンテ集』（キネマ旬報社、一九九六）
『G3　EXPRESS――ガメラ通信〈1977―1999〉』（角川書店、一九九九）
『ガメラ3　邪神《イリス》覚醒　絵コンテ集』（銀河出版、一九九九）
龍居由佳里『僕とトトの物語――映画『小さき勇者たち～ガメラ～』』（角川書店、二〇〇六）

【その他の参考文献】
竹内義和他『怪獣格闘概論』（プラザ、一九九四）
田中文雄『神を放った男――映画製作者・田中友幸とその時代』（キネマ旬報社、一九九三）
「特撮の匠」取材班編『特撮の匠　昭和特撮の創造者たち』（宝島社、二〇一七）
中沢健『平成特撮世代～新時代のゴジラ、ガメラ、ウルトラマンと仮面ライダー～』（洋泉社、二〇一七）
川北紘一監修『平成ゴジラ　クロニクル』（キネマ旬報社、二〇〇九）
小野俊太郎『ウルトラQの精神史』（彩流社、二〇一六）

小野俊太郎『新ゴジラ論』（彩流社、二〇一七）
切通理作『増補新装版　怪獣使いと少年――ウルトラマンの作家たち』（洋泉社、二〇一五）
切通理作『特撮黙示録1995―2001』（太田出版、二〇〇二）
切通理作『本多猪四郎　無冠の巨匠』（洋泉社、二〇一四）
宇野常寛『リトル・ピープルの時代』（幻冬舎、二〇一一）
『別冊映画秘宝　モスラ映画大全』（洋泉社、二〇一一）
講談社編『仮面ライダー　昭和 vol.4 仮面ライダーX』（講談社、二〇一六）
『宇宙船別冊　仮面ライダー　怪人大画報2016』（ホビージャパン、二〇一六）

＊

ピーター・ヤング『カメの文化誌』忠平美幸訳（柏書房、二〇〇五）
矢野憲一『亀』（法政大学出版局、二〇〇五）
田中治彦『ボーイスカウト　二〇世紀青少年運動の原型』（中央公論社、一九九五）
笠智衆『大船日記　小津安二郎先生の思い出』（扶桑社、一九九一）
清水晶他『日米映画戦――パールハーバー五十周年』（青弓社、一九九一）
吉田守男『日本の古都はなぜ空襲を免れたか』（朝日新聞社、二〇〇二）

※英文文献は紙幅の関係で省略した。

【著者】

小野俊太郎
（おの　しゅんたろう）

文芸・文化評論家
1959年、札幌生まれ。東京都立大学卒、成城大学大学院博士課程中途退学。

成蹊大学や青山学院大学などでも教鞭を執る。

著書に、『モスラの精神史』（講談社現代新書）や『大魔神の精神史』（角川oneテーマ21新書）、

『ゴジラの精神史』（彩流社）のほかに、『〈男らしさ〉の神話』（講談社選書メチエ）、

『社会が惚れた男たち』（河出書房新社）、『日経小説で読む戦後日本』（ちくま新書）、

『『東京物語』と日本人』（松柏社）、『新ゴジラ論』『スター・ウォーズの精神史』

『フランケンシュタインの精神史』『ドラキュラの精神史』（ともに彩流社）など多数。

ガメラの精神史《せいしんし》

昭和《しょうわ》から平成《へいせい》へ

2018年12月25日　第1刷発行

【著者】
小野俊太郎

発行者：高梨 治
発行所：株式会社**小鳥遊書房**《たかなし》
〒102-0071　東京都千代田区富士見1-7-6-5F
電話 03 (6265) 4910（代表）／FAX　03 (6265) 4902
http://www.tkns-shobou.co.jp

装幀　坂川朱音
印刷　株式会社明和印刷
製本　株式会社村上製本所

ISBN978-4-909812-01-8　C0074